DAS

MASKING TAPE KREATIV-SET

FÜR BUNTEN KLEBESPASS

EMF

EIN BUCH DER
EDITION MICHAEL FISCHER

Im Farbenrausch

Gute Laune im Handumdrehen? Mit den wunderbar farbenfrohen masté Masking Tapes von MARK'S Inc. überhaupt kein Problem! Alle Farben des Regenbogens, von knallbunt und leuchtend bis zart-pastellig, und vielfältige Muster laden dazu ein, der eigenen Kreativität freien Lauf zu lassen. Das Beste daran: Alles ist möglich! Und nichts kann schiefgehen!

1001 Möglichkeit

Masking Tape ist so viel mehr als Klebeband! Das Geheimnis liegt im Reispapier (Washi), aus dem es hergestellt wird. Das Material lässt sich ruckzuck von Hand abreißen und – dank Kleber auf Wasserbasis – nach dem Aufbringen rückstandslos wieder ablösen und ist sogar mehrfach wiederverwendbar. Das masté Masking Tape von Mark's eignet sich damit hervorragend zum Basteln und Verpacken, aber auch für die Anwendung auf den unterschiedlichsten Oberflächen, z. B. auf Tapeten oder Glas. Es lässt sich problemlos beschriften, hält Zettel an Pinnwänden und klebt sogar auf Holz.

Einfacher geht's nicht

Die besondere Beschaffenheit der masté Masking Tapes macht ihre Handhabung so spielend einfach und lässt ganz ohne Werkzeuge und Vorkenntnisse die prächtigsten Kunstwerke entstehen. Durch die feinfaserige Verarbeitung ist die seidenmatte Oberfläche der Tapes unglaublich robust. Gleichzeitig ist ihre Optik leicht transparent, sodass durch das Aufeinanderkleben verschiedener Bänder interessante Effekte und ganz neue Farben entstehen – besonders bei der Anwendung auf Glas lassen sich auf diese Weise leuchtende Farbspiele erzielen. So unkompliziert und bunt war Basteln noch nie!

Doch genug der grauen Theorie, jetzt geht's los: Lasst Euch inspirieren von den folgenden Ideen, experimentiert nach Herzenslust und habt vor allem viel Spaß beim Verpacken, Markieren, Dekorieren, Verzieren und Verschönern!

SCHMÜCKEN & VERZIEREN

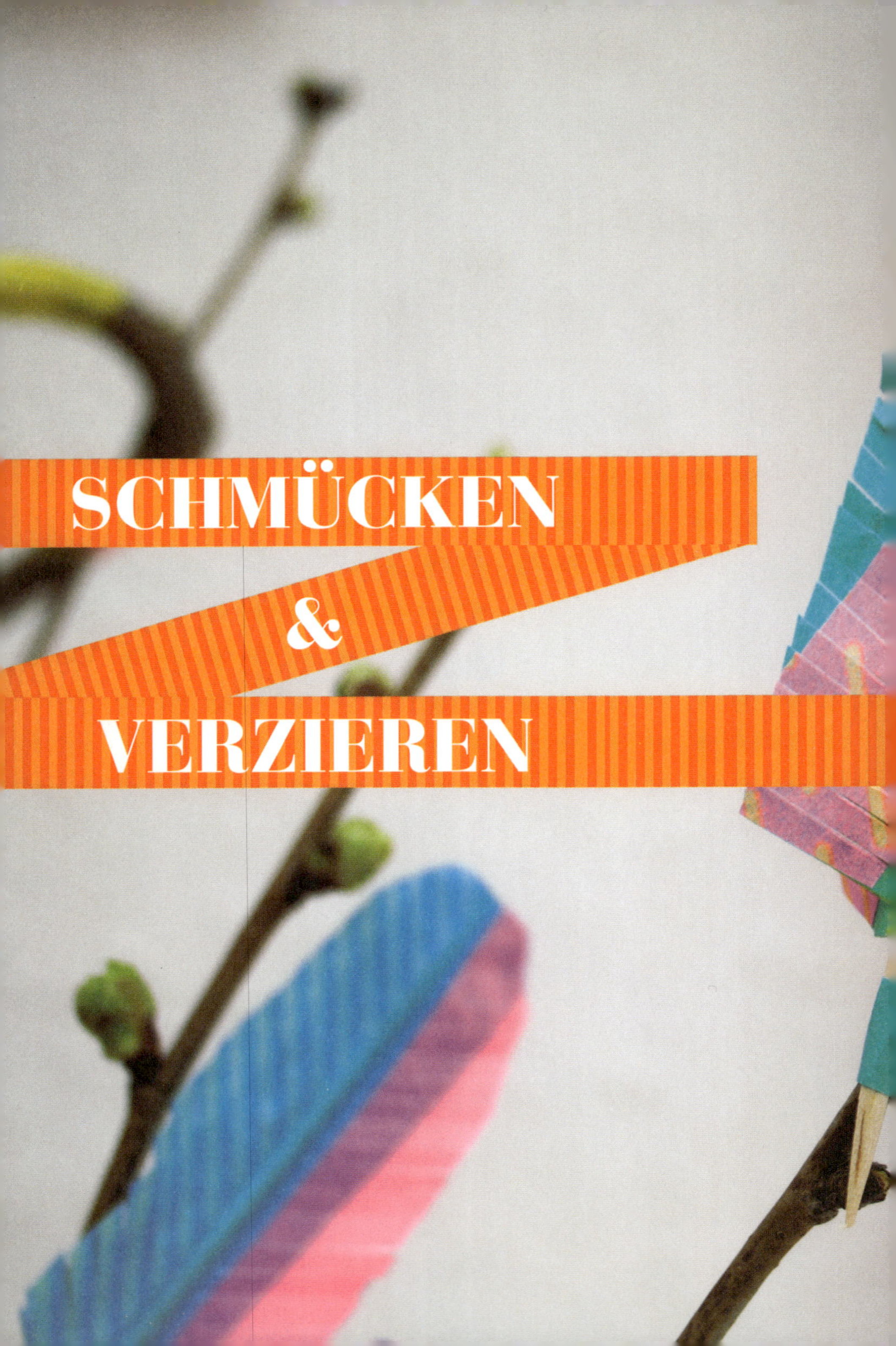

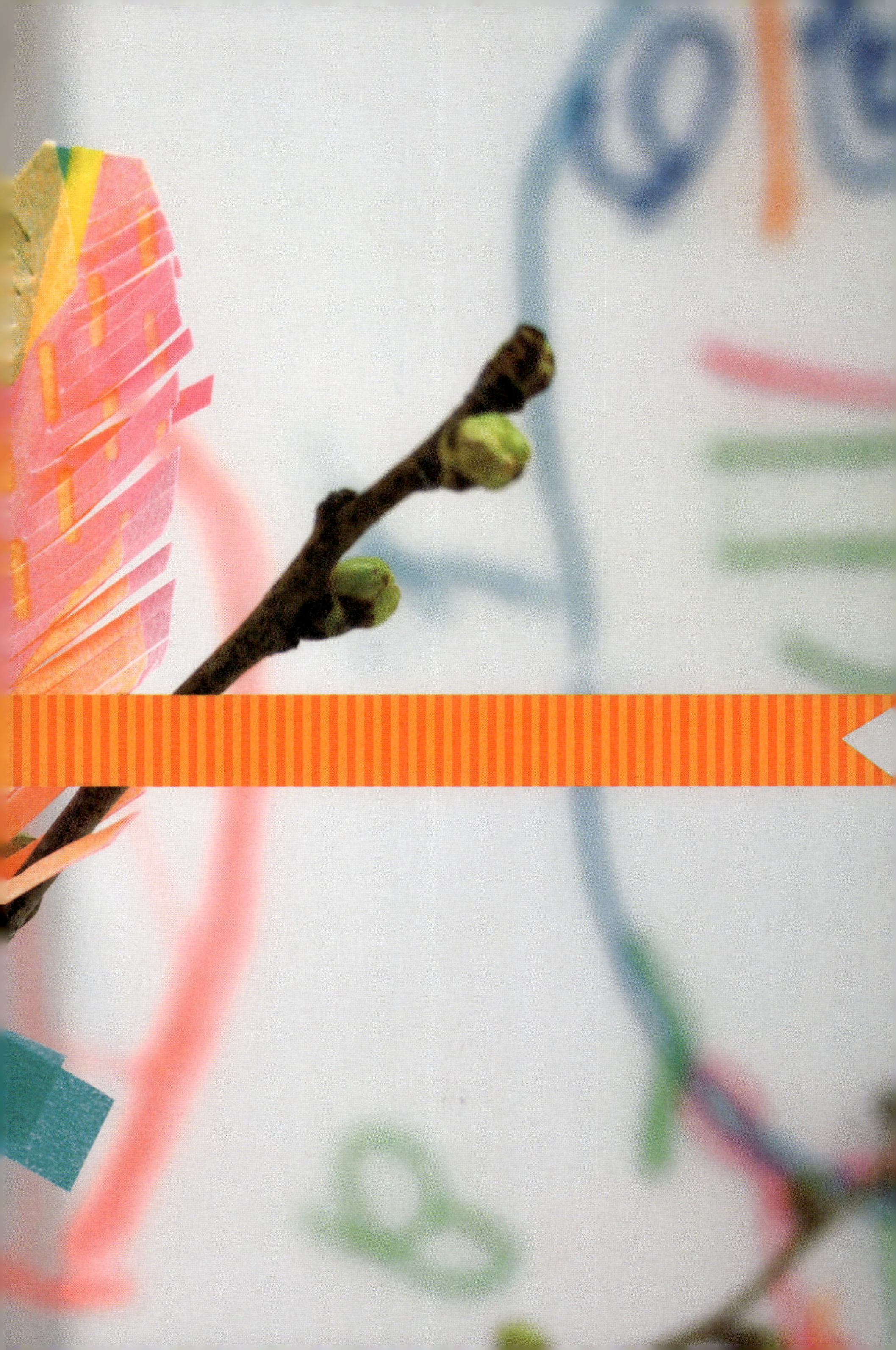

ASTFEDERN

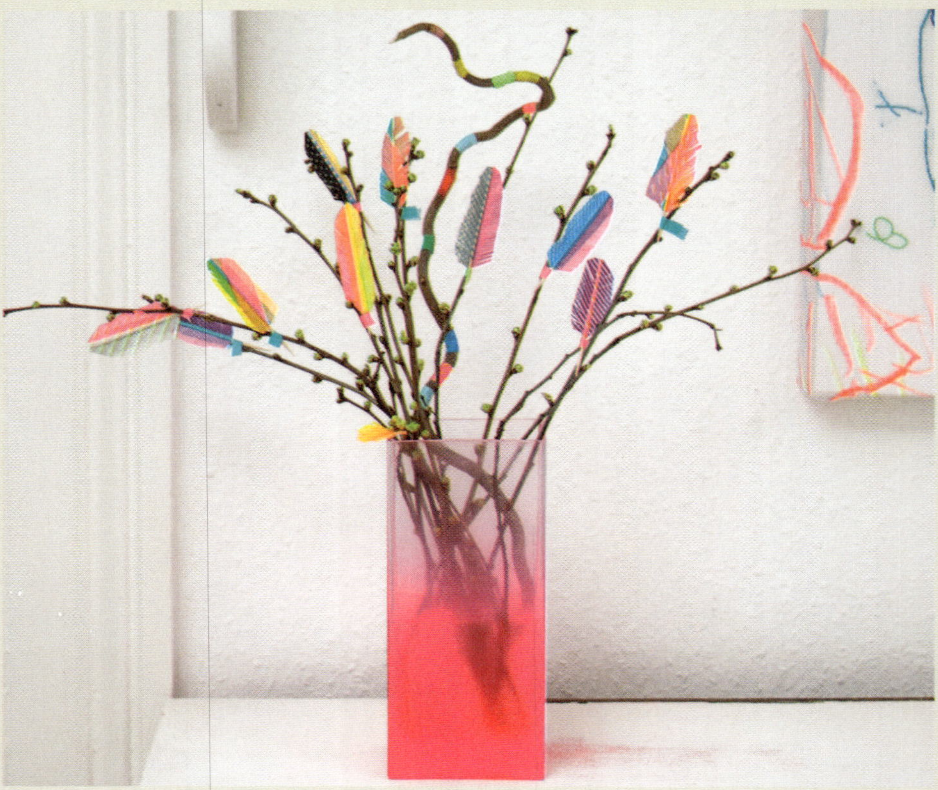

Zahnstocher
+
Masking Tape
+
Zweige

=

Federleichte Deko,
die garantiert
nicht verwelkt!

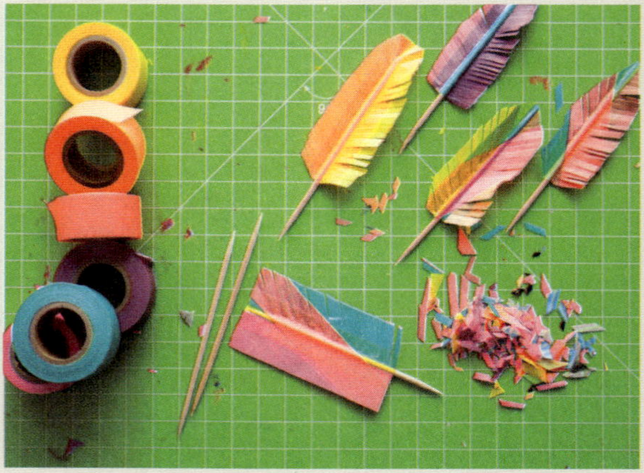

Festlicher Orden für Geburtstagskinder und liebe Gäste

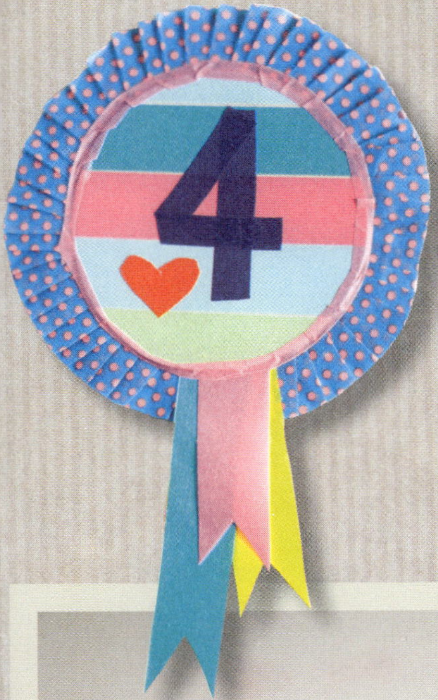

Masking Tape in Wellen legen und auf den Rand eines Pappkreises kleben.

Drei Streifen Masking Tape als Bänder auf den Orden kleben und mit einem weiteren Stück Pappe festkleben.

Den Orden hübsch mit Zahlen und Motiven verzieren und mithilfe einer Sicherheitsnadel feststecken.

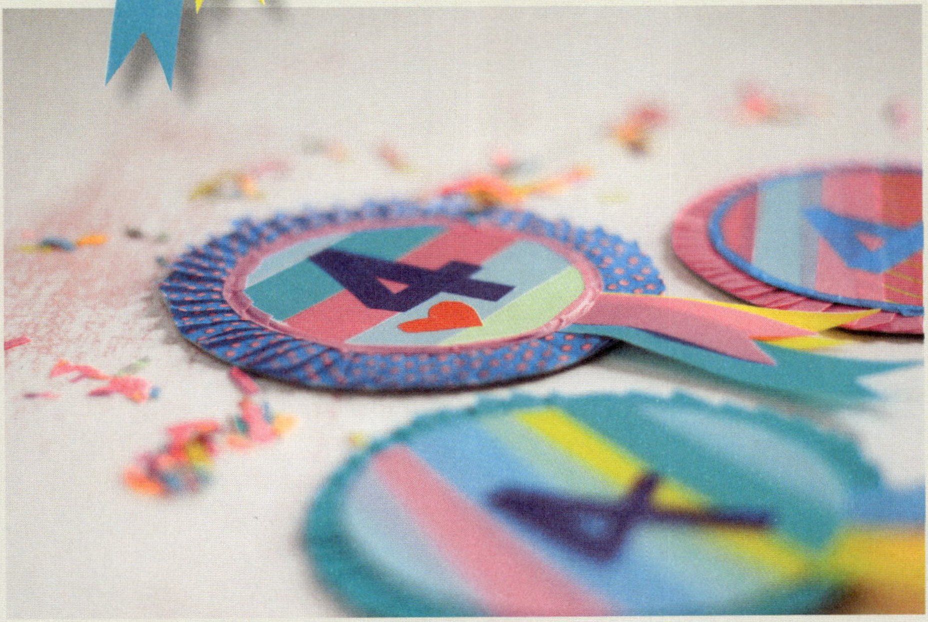

FÄHNCHEN

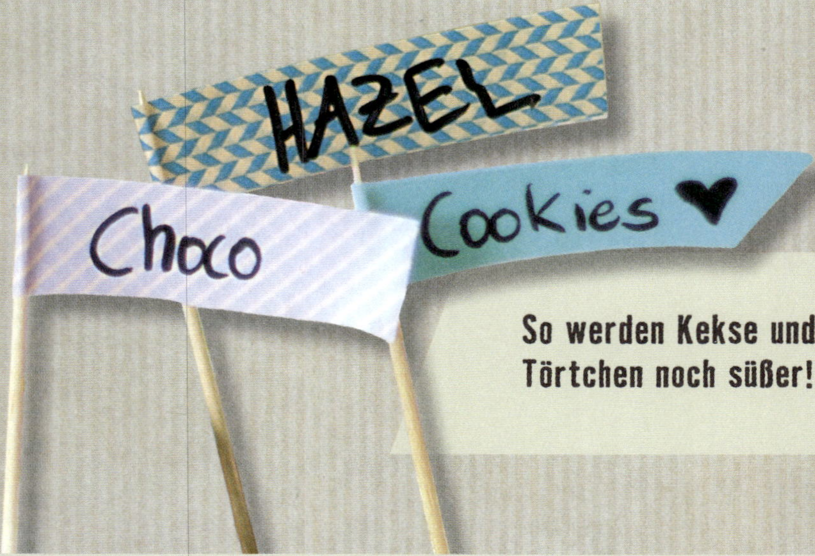

So werden Kekse und Törtchen noch süßer!

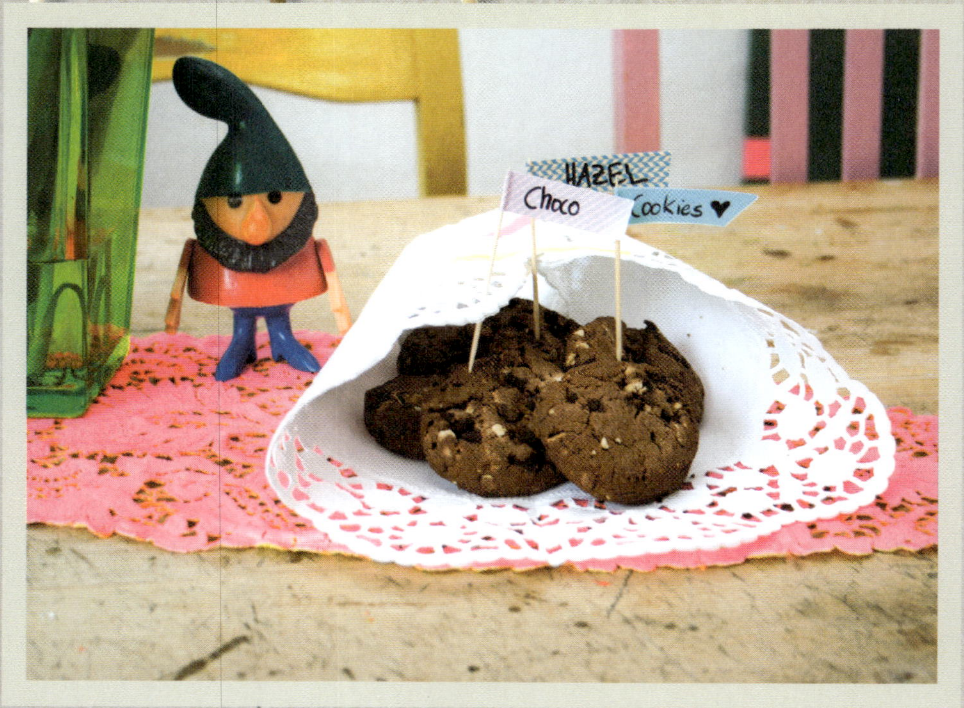

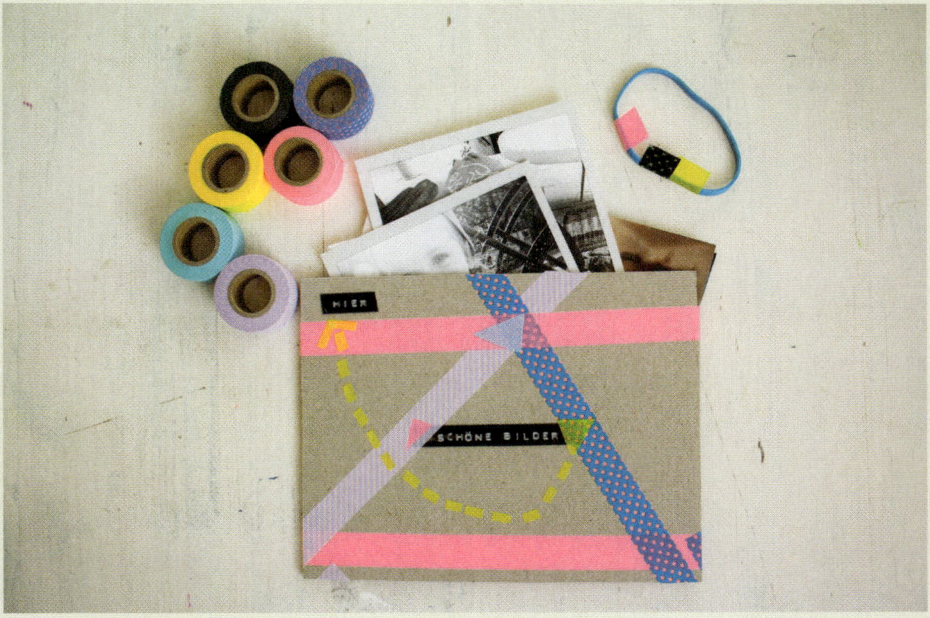

Lieblingsplatz
für Lieblingsfotos,
hübsch und sicher
verstaut

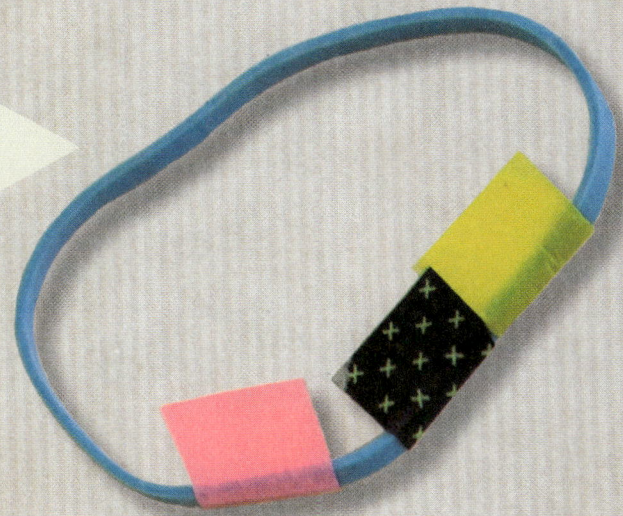

EINFACH SCHÖNER SCHENKEN!

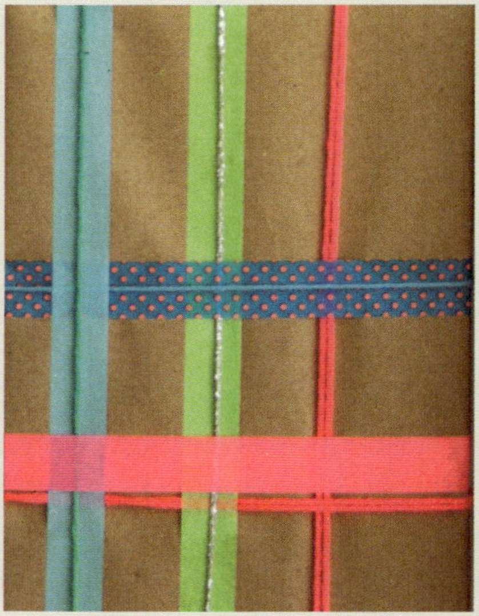

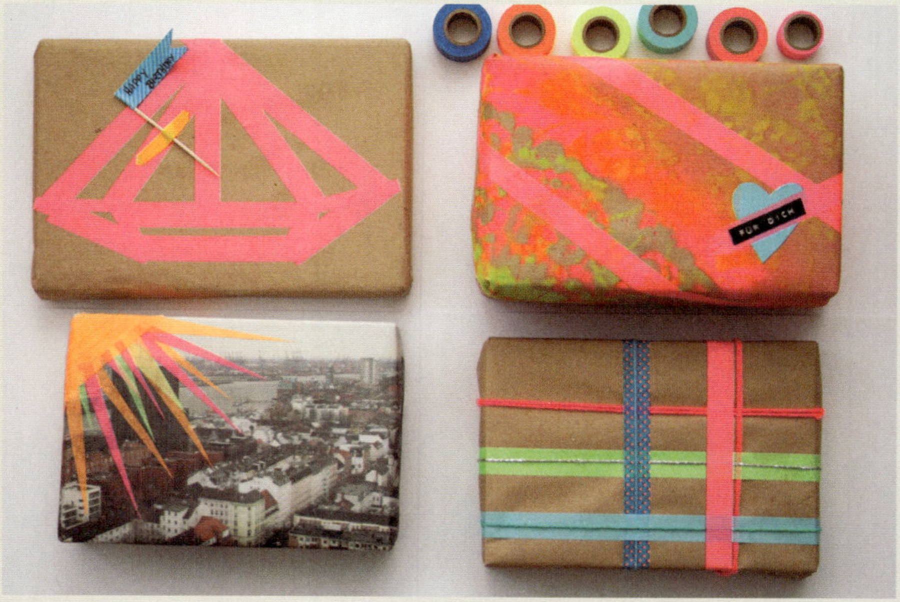

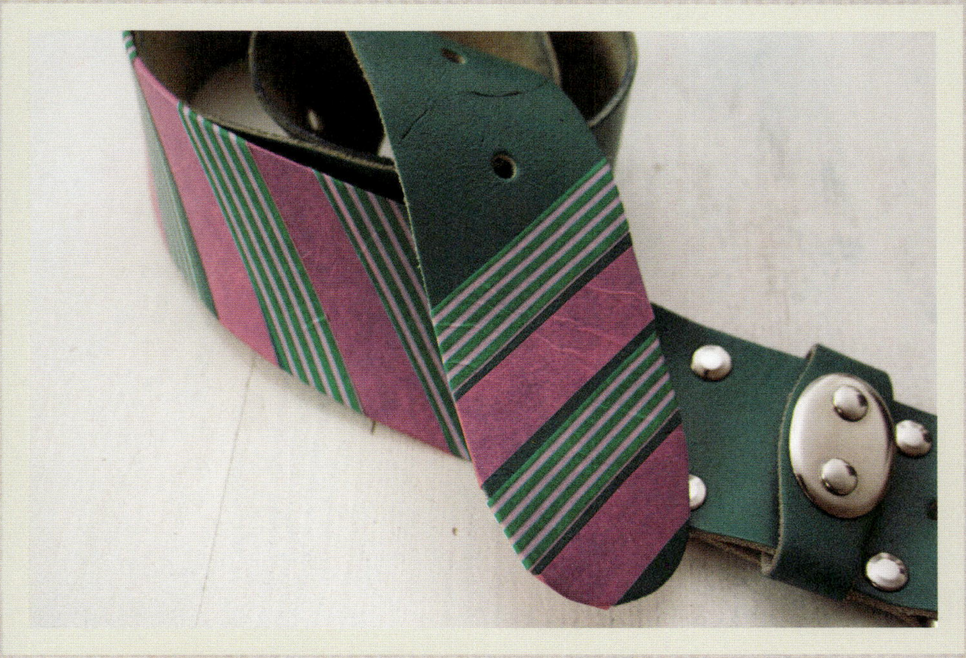

PIMP YOUR OUTFIT –
JEDEN TAG NEU!

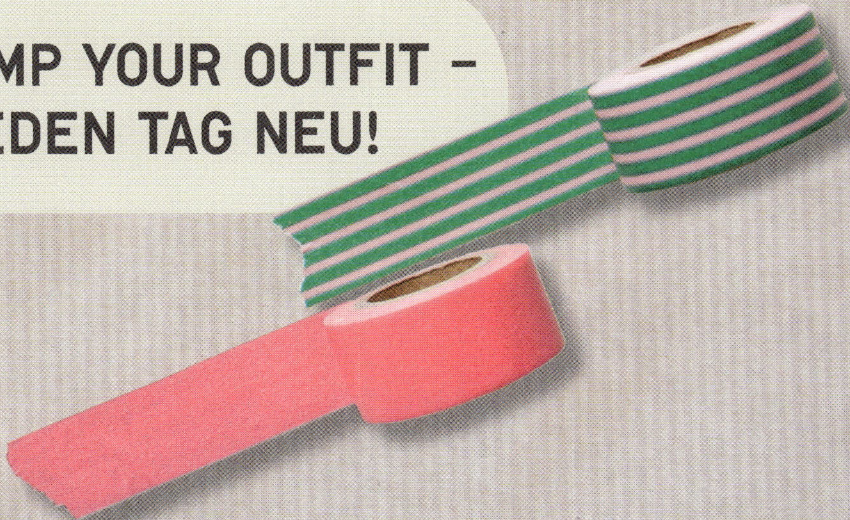

NAMENSLOLLI

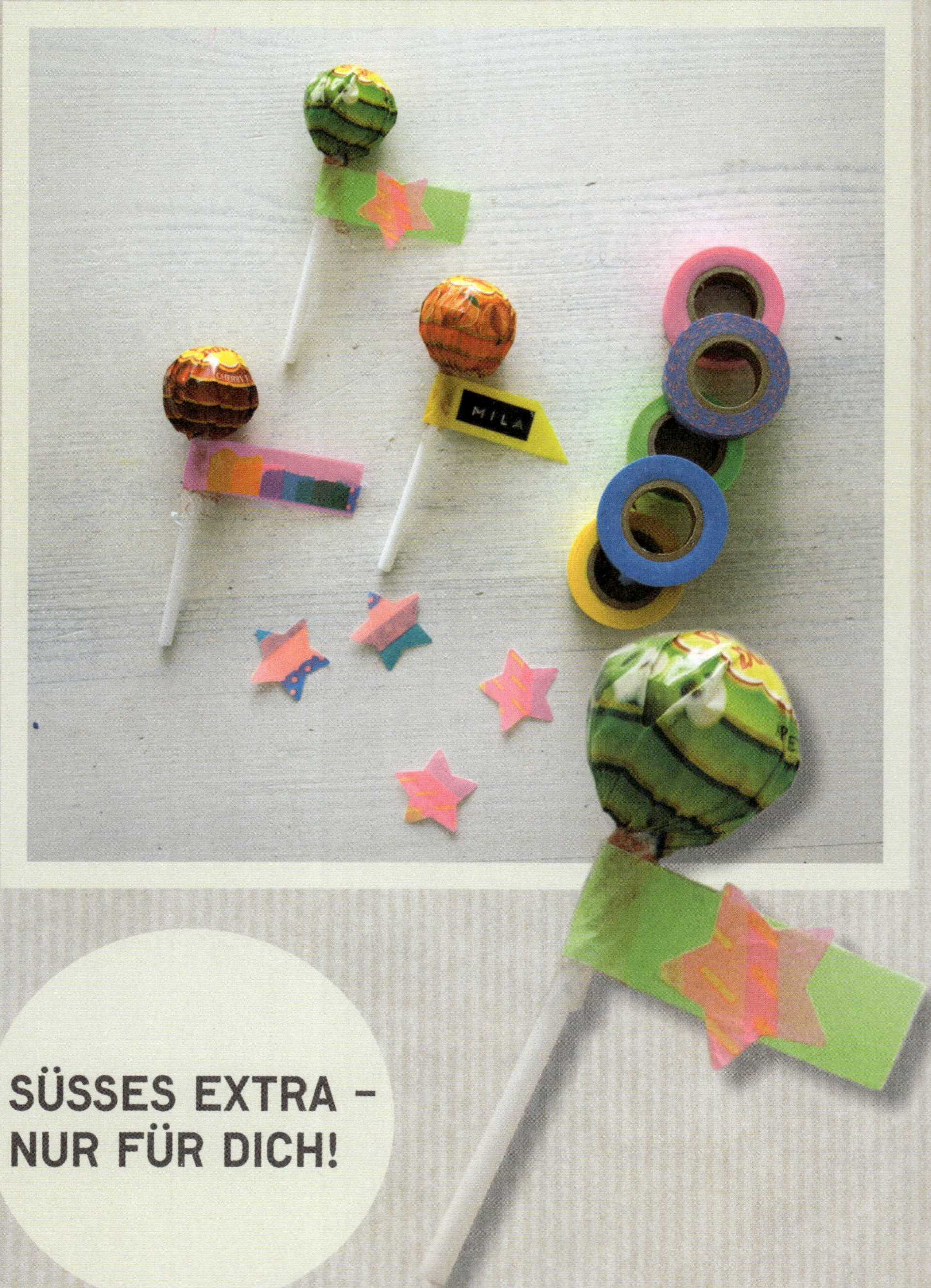

SÜSSES EXTRA –
NUR FÜR DICH!

PFLASTER

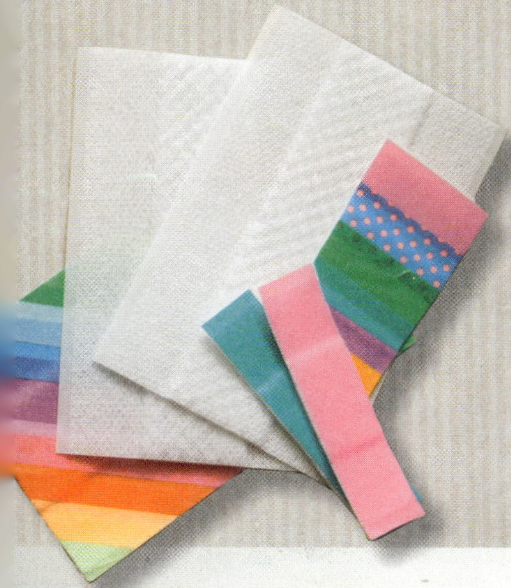

So niedlich, dass man kleine Kratzer ganz schnell vergisst

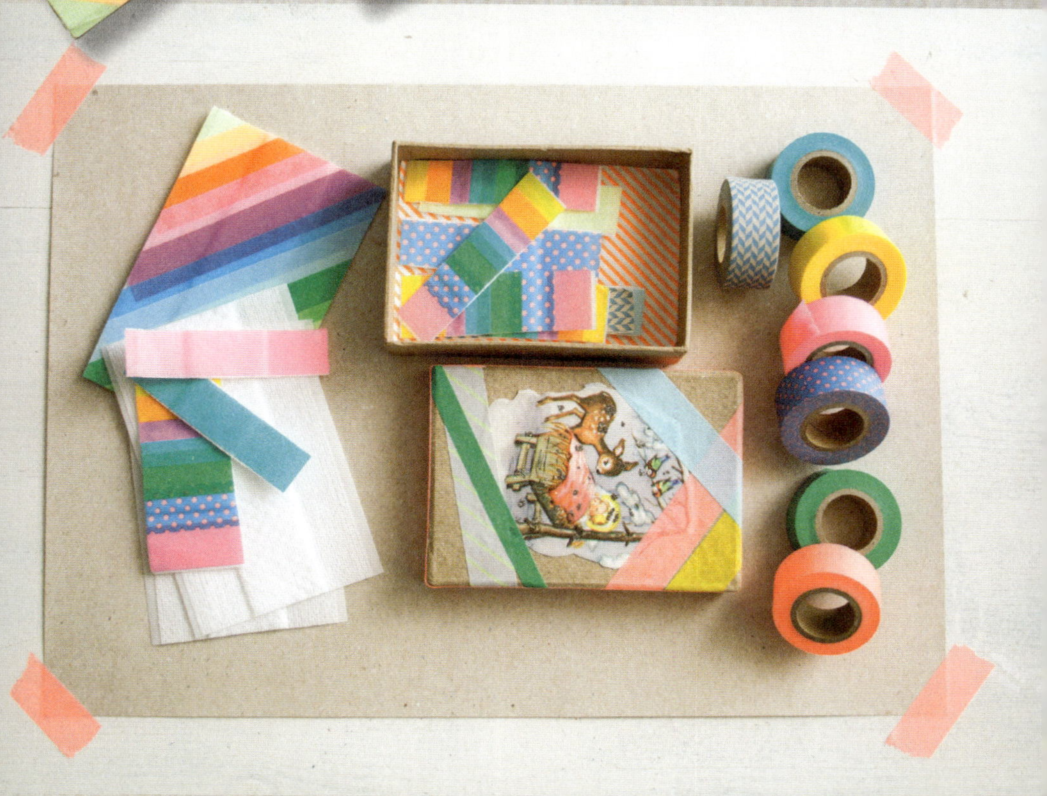

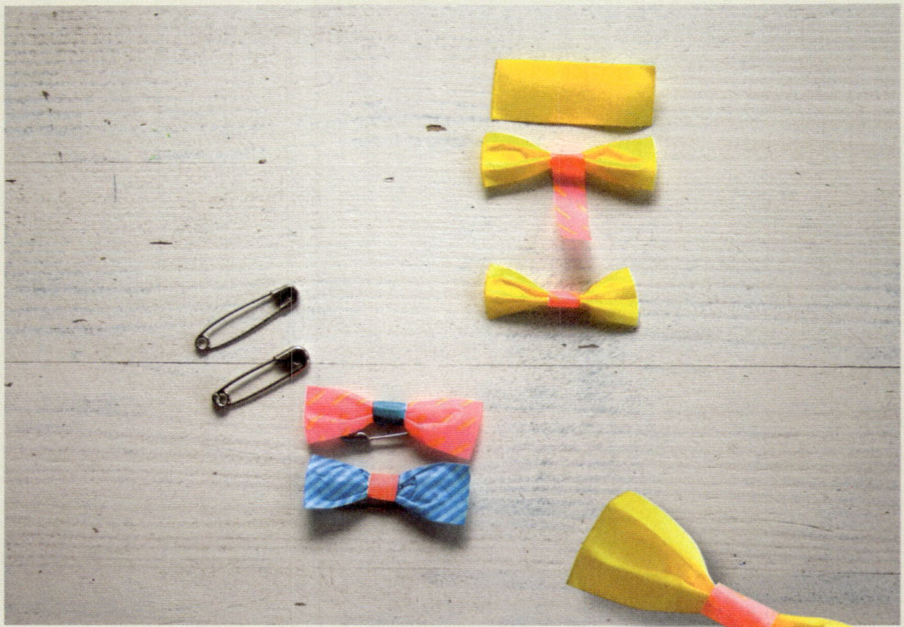

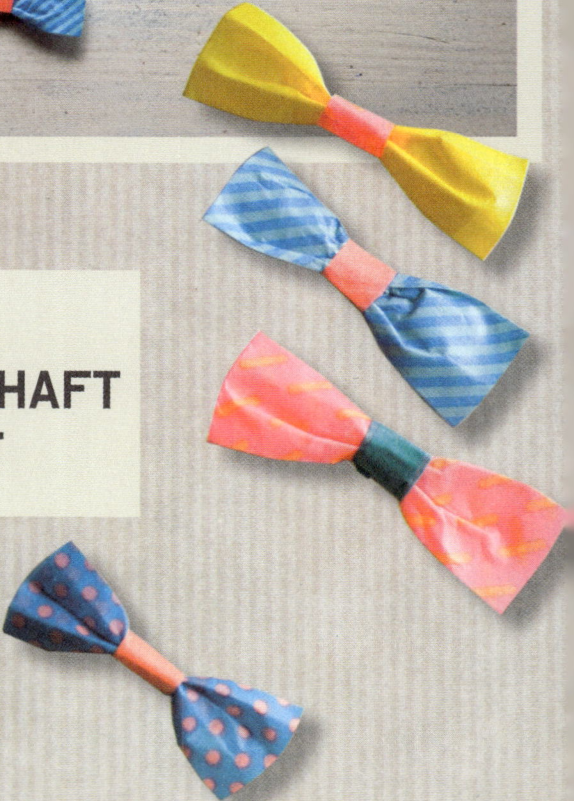

KLEIDUNG UND HAARE ZAUBERHAFT AUFGEHÜBSCHT

BÜROKLAMMER-ARMBAND

Büroklammern in der Mitte mit etwas Masking Tape umwickeln und aneinanderreihen.

Die entstandene Kette als Armband ums Handgelenk legen und zusammenhaken.

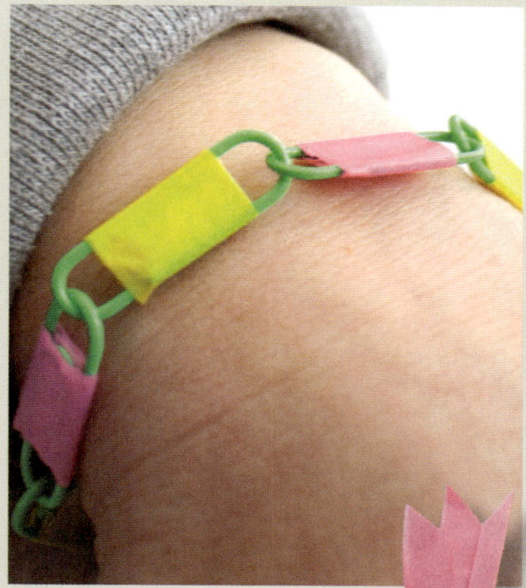

Oder die Kette als fröhliches Büroklammer-Lesezeichen verwenden.

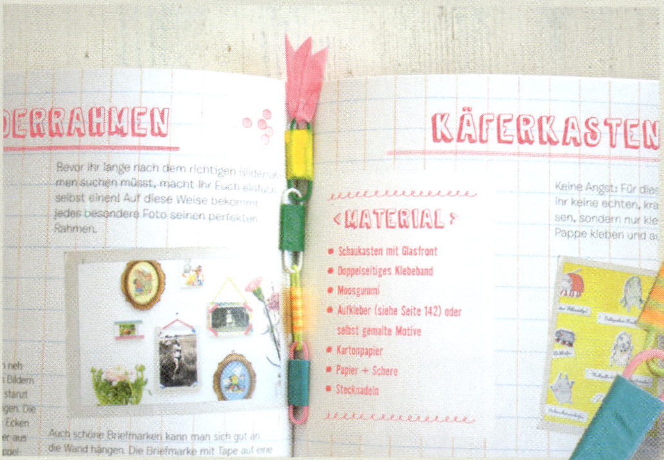

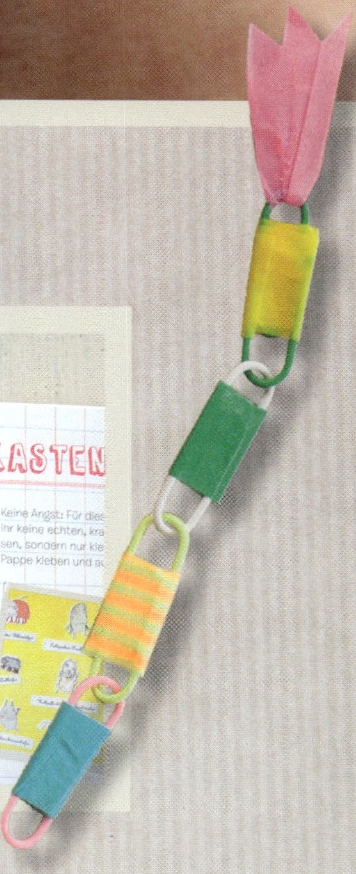

TORTENDEKO

Aus Pergamentpapier, Masking Tape, Filzstift und Holzspießen entsteht ganz flott ...

... DAS I-TÜPFELCHEN FÜR DIE KAFFEETAFEL.

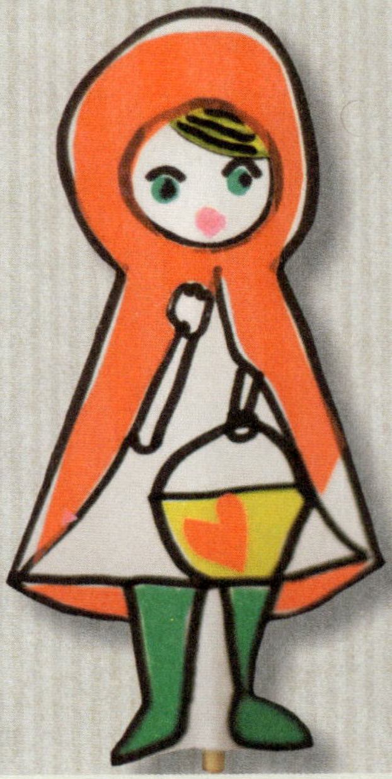

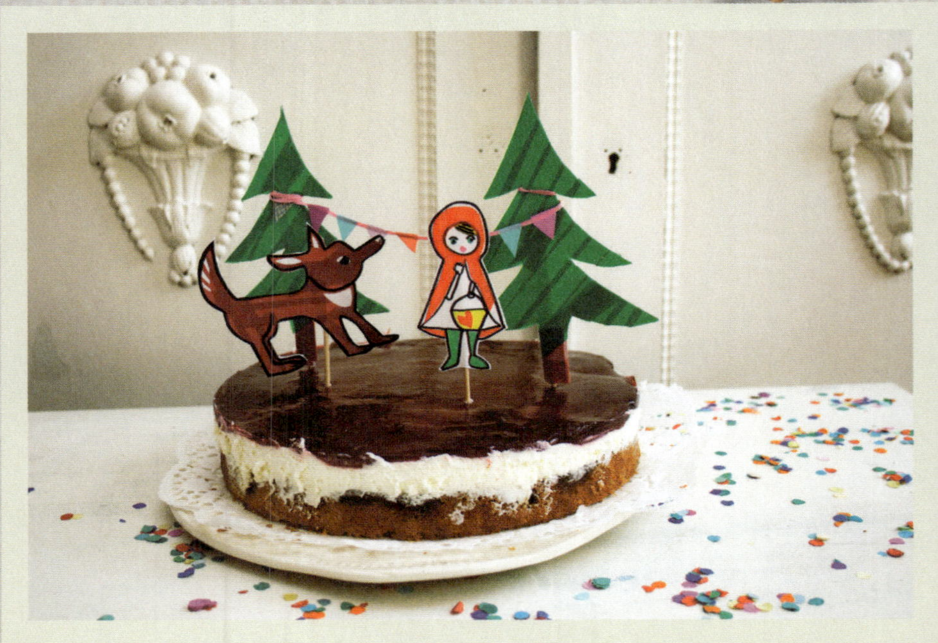

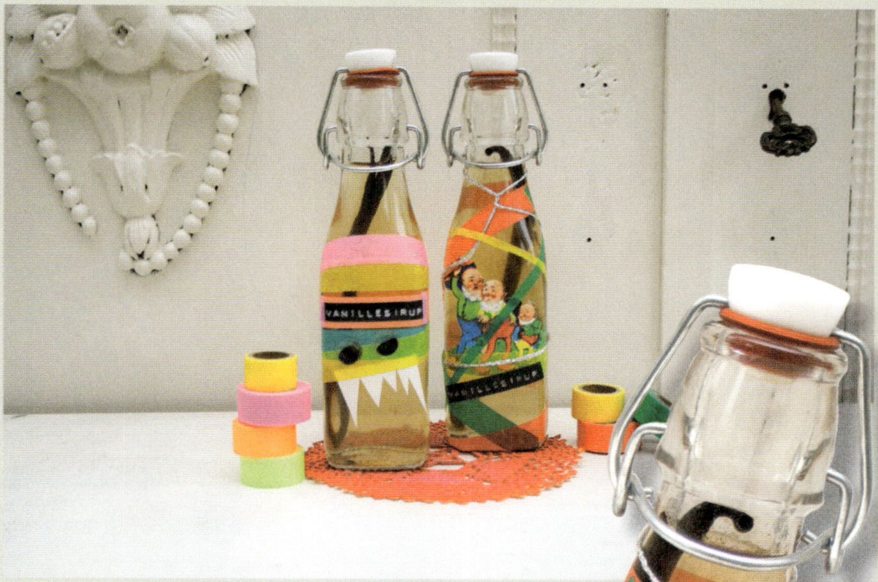

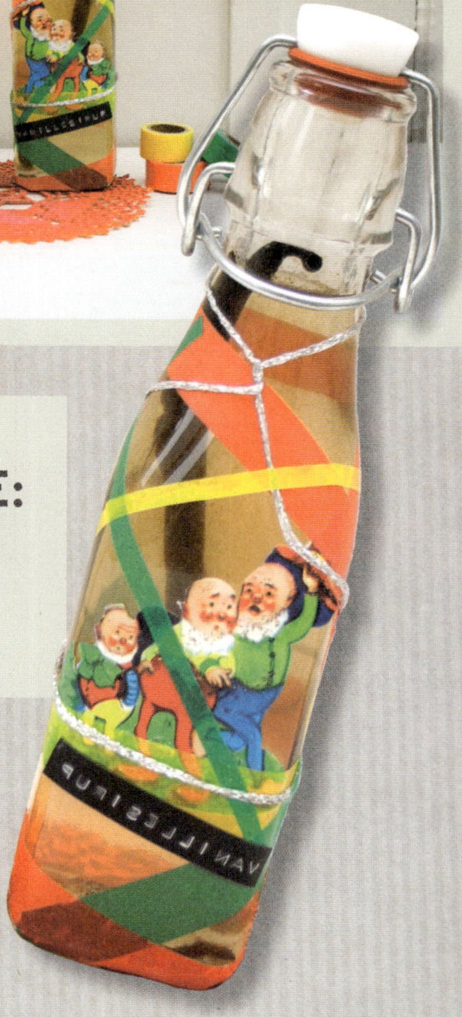

GLASKLARE SACHE: DIESES GESCHENK MACHT WAS HER!

DRAHTVERSCHLUSS

Farbenfroher Schmuck für die Brottüte

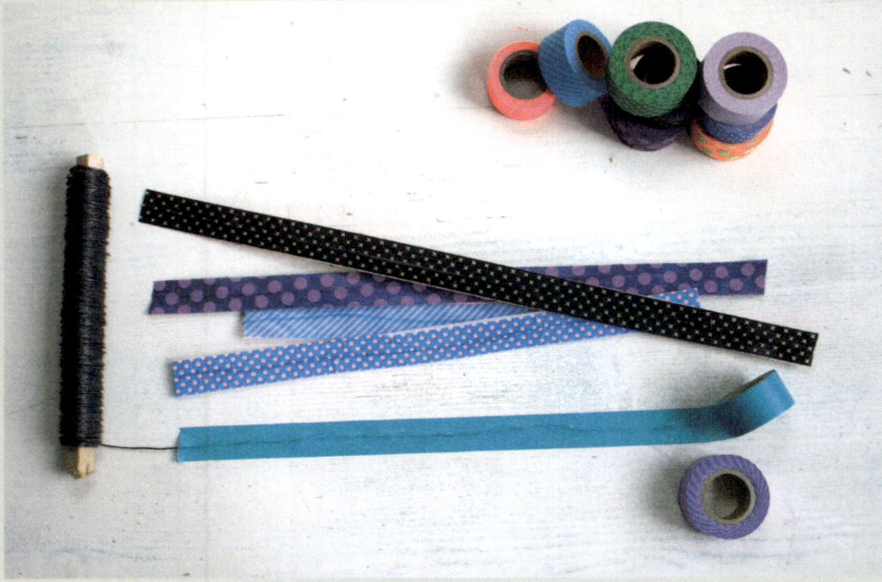

Zwei Streifen Masking Tape mit einem Stück Draht dazwischen zusammenkleben und die Tüte damit verschließen.

Die Tüte bekommt natürlich auch ein sweetes neues Outfit: Motiv aufzeichnen und mit Details aus Masking Tape verzieren! So wird das Pausenbrot zum Hingucker!

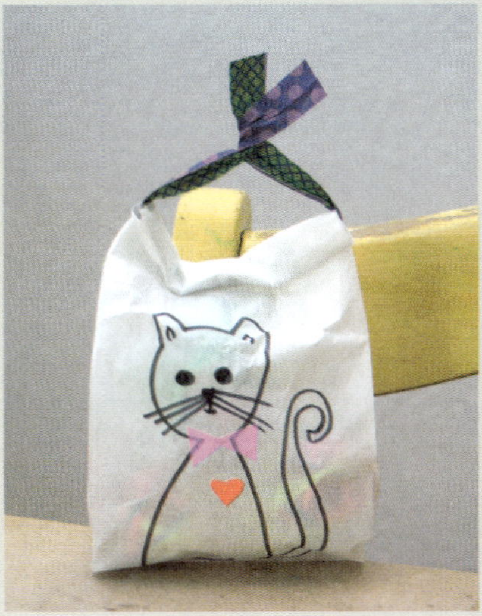

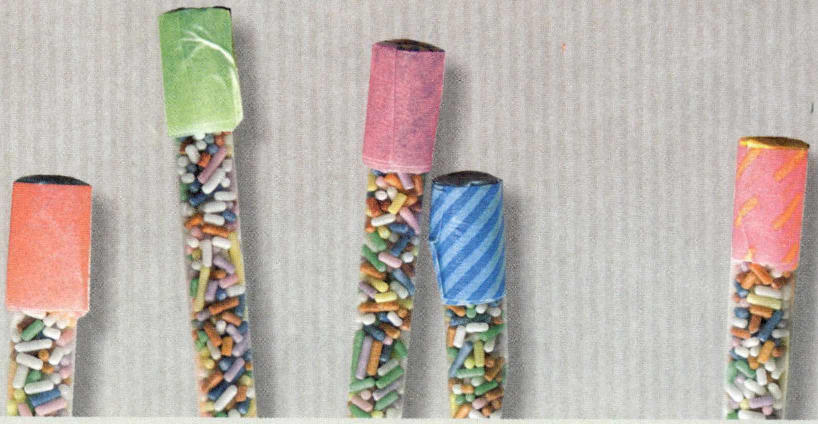

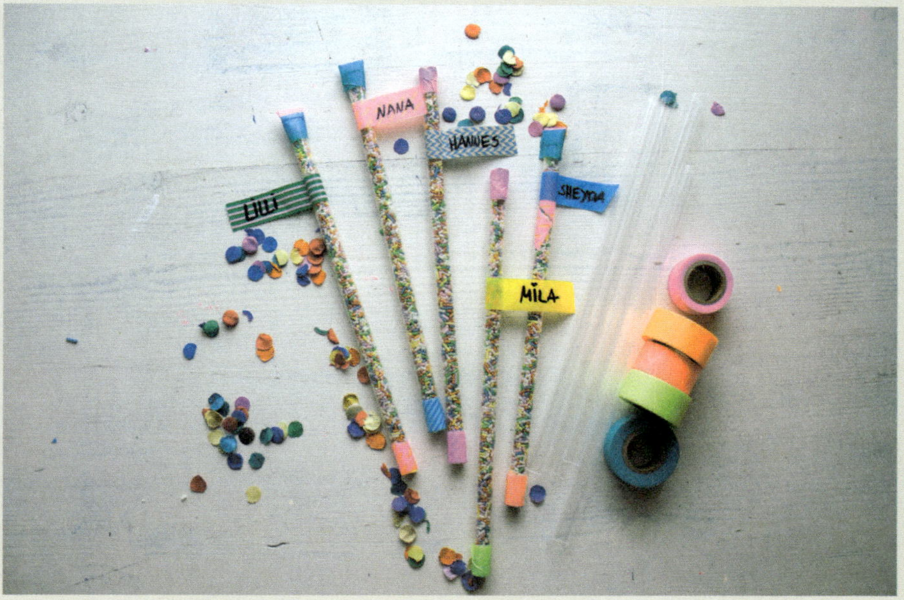

Trinkhalme? Von wegen!

STREUSELSPASS UND PARTYGLAMOUR

BRIEFUMSCHLÄGE

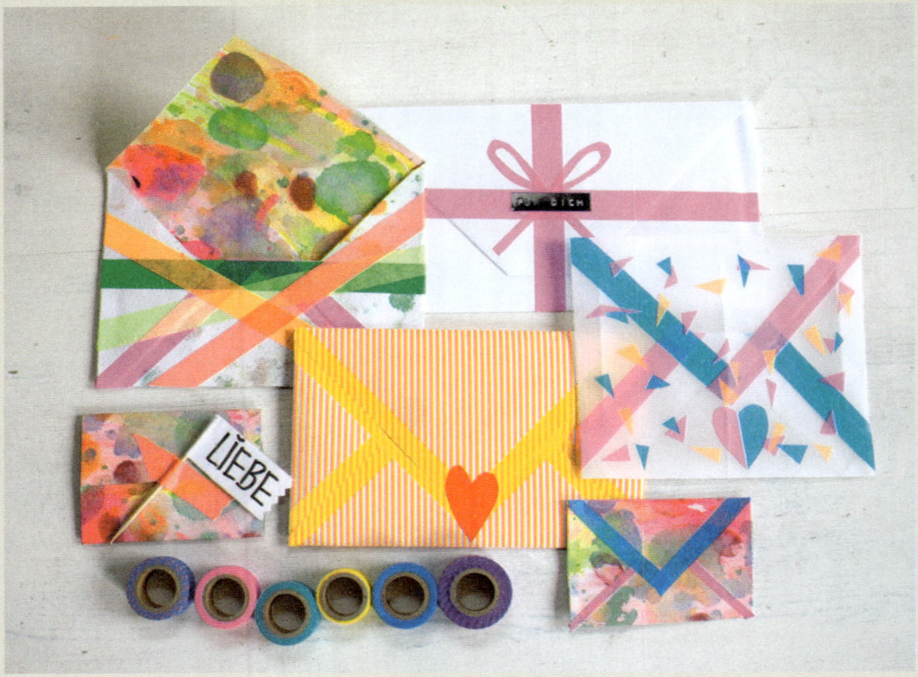

FEIN GEFALTET UND FABELHAFT VERZIERT!

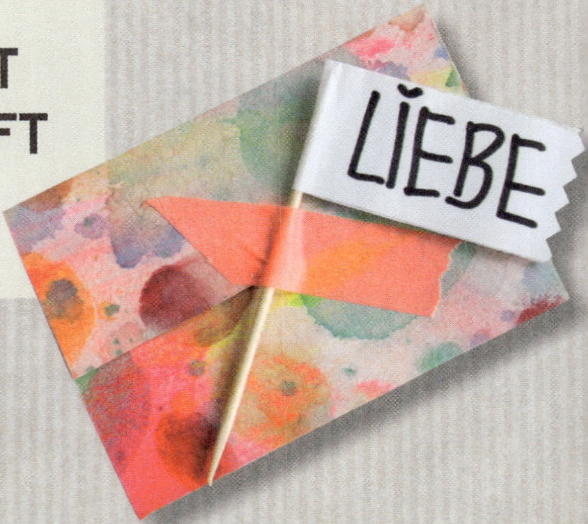

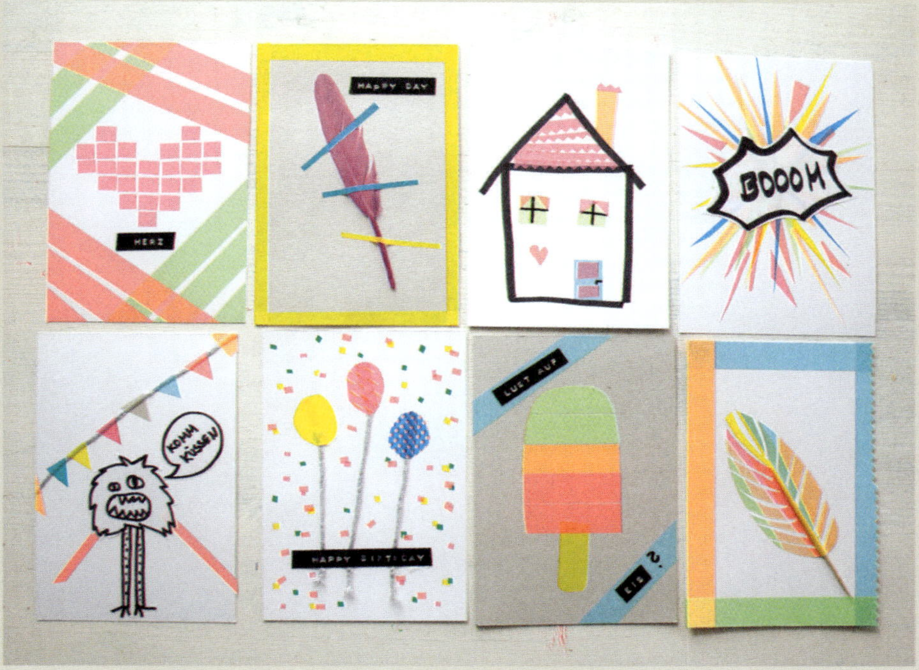

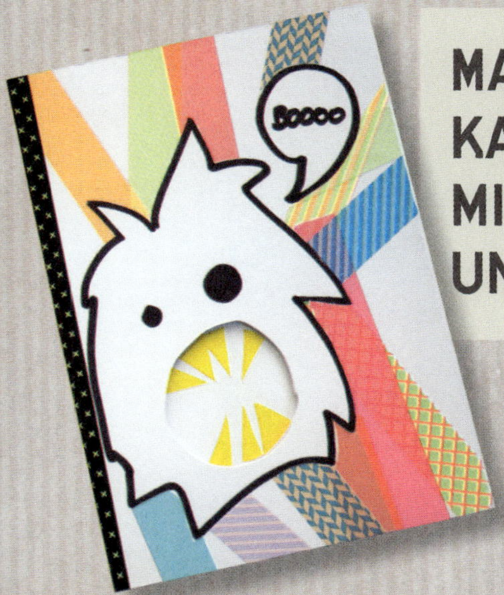

MAGISCHE KARTENDESIGNS MIT WITZ, FANTASIE – UND MASKING TAPE

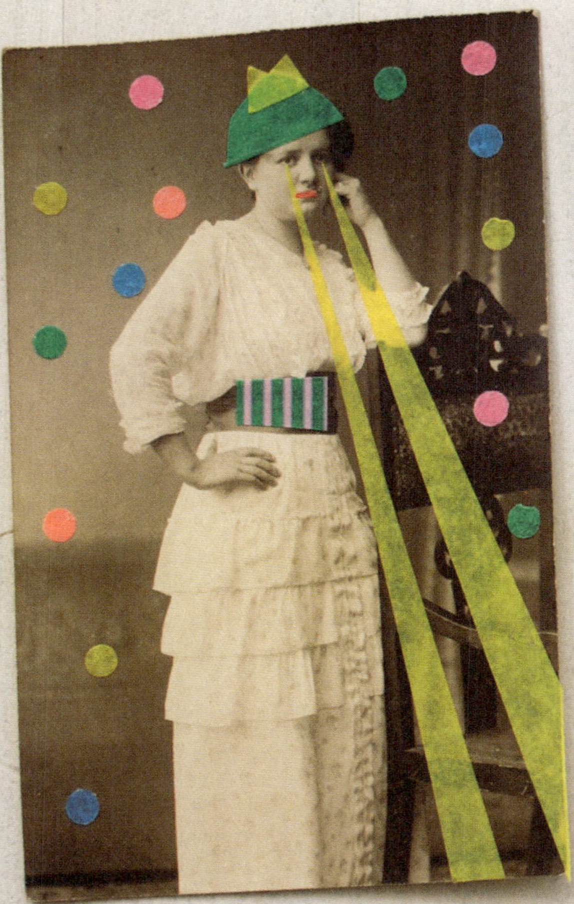

SCHÖNER WOHNEN

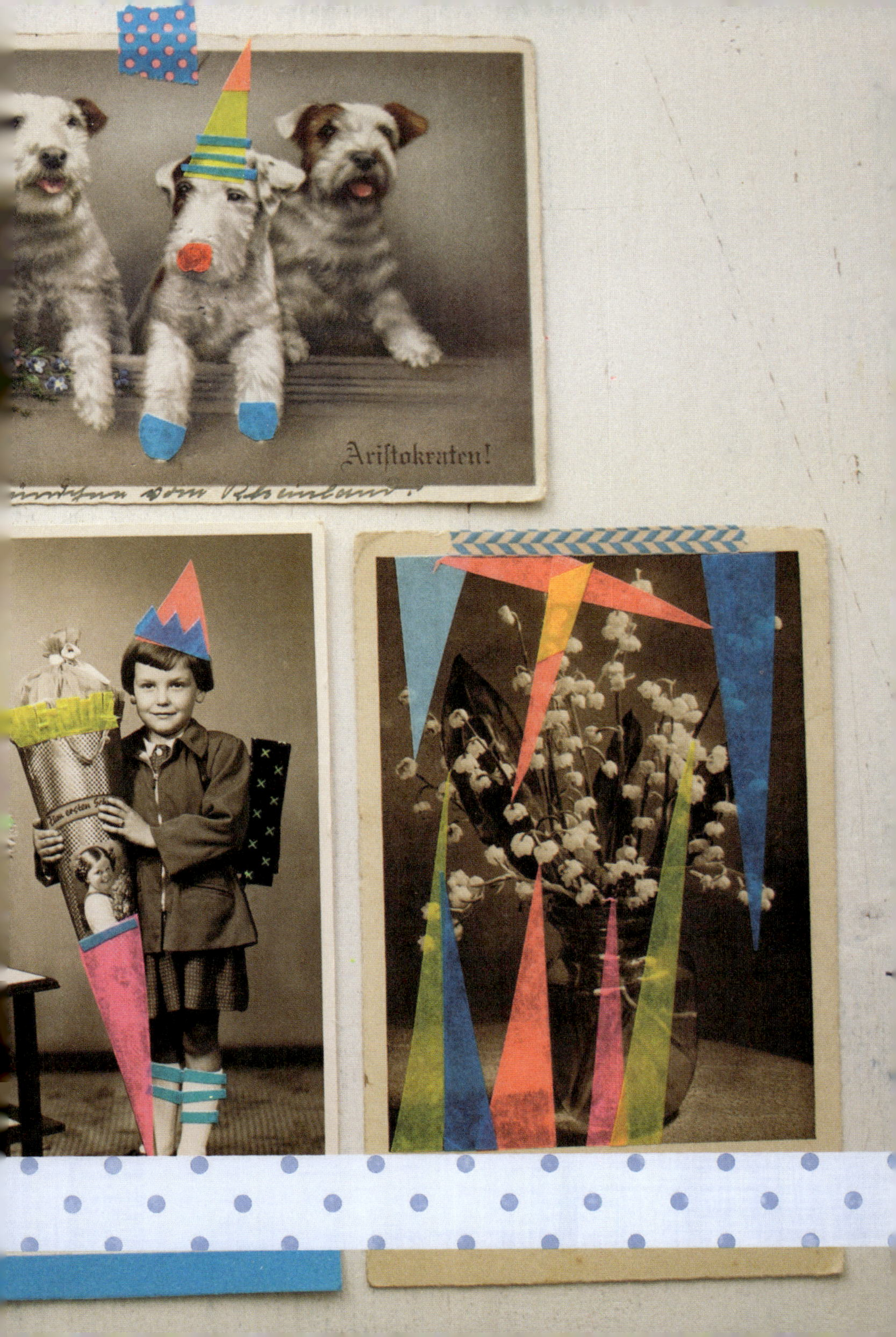
Ariſtokraten!

ABC-BILD

Bunte Truppe aus Pappe, Holz und Masking Tape – so macht Buchstaben lernen Spaß!

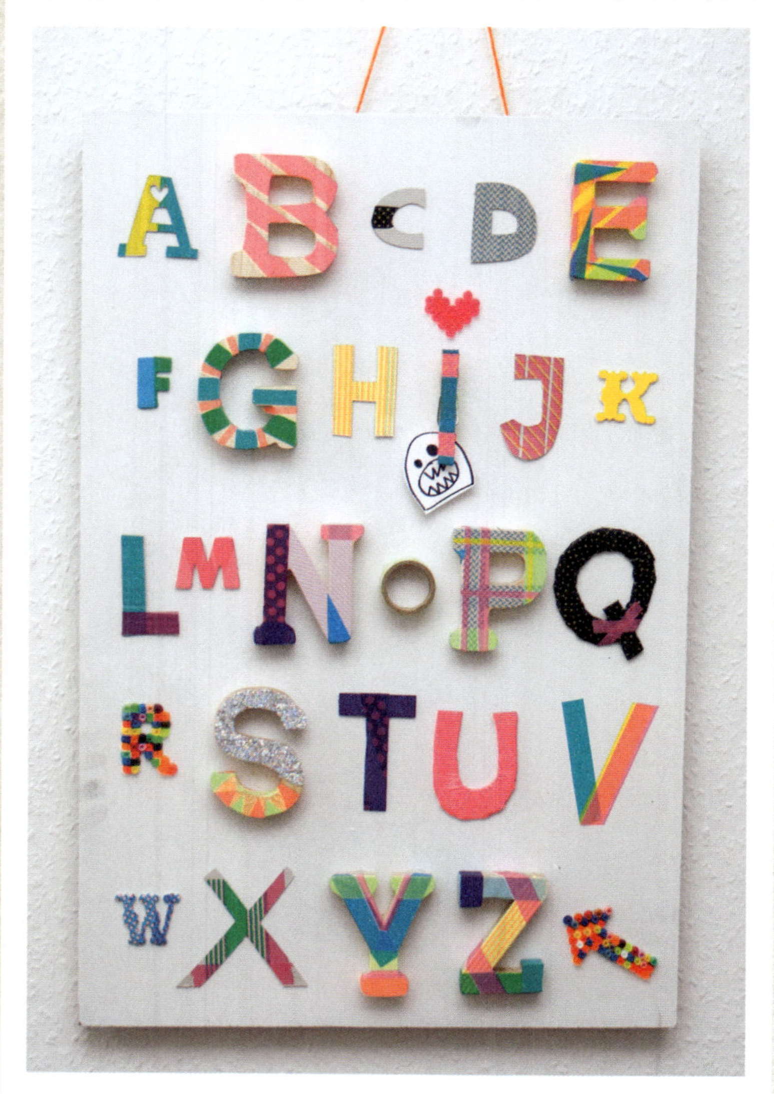

RUSTIKALER UNTERSETZER IM FRISCHEN LOOK

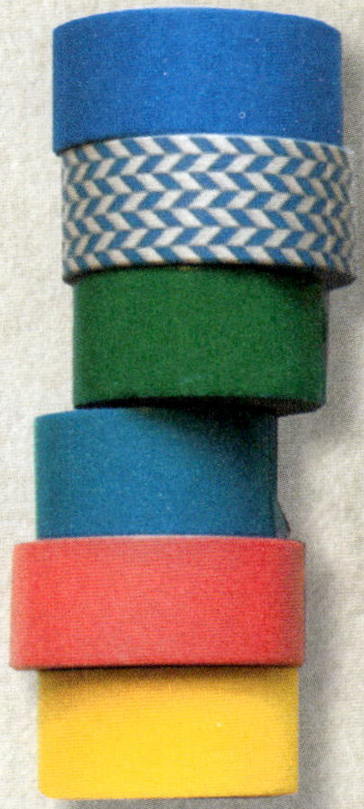

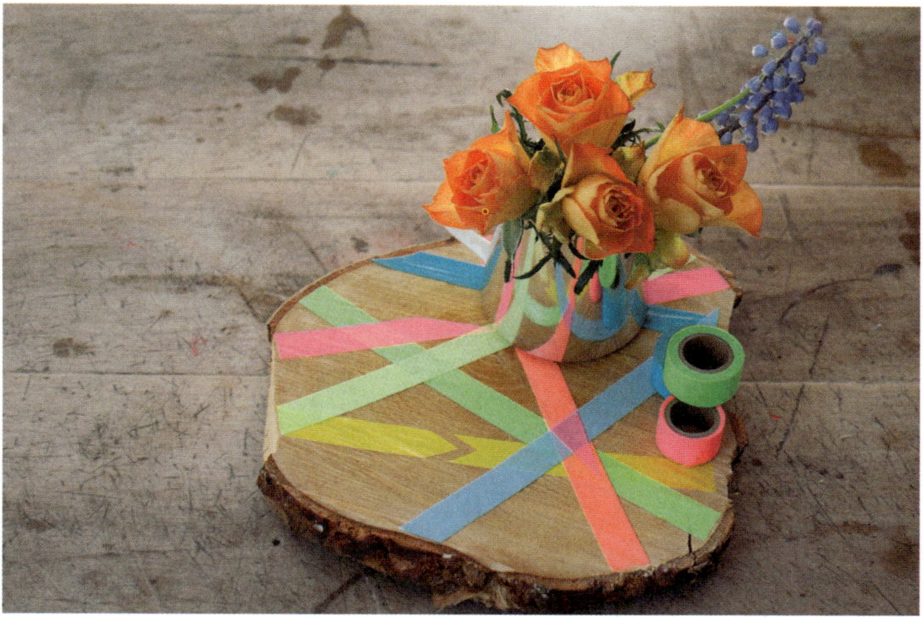

Stylische Wanddeko aus kühlem Draht und buntem Tape – absolut trendverdächtig!

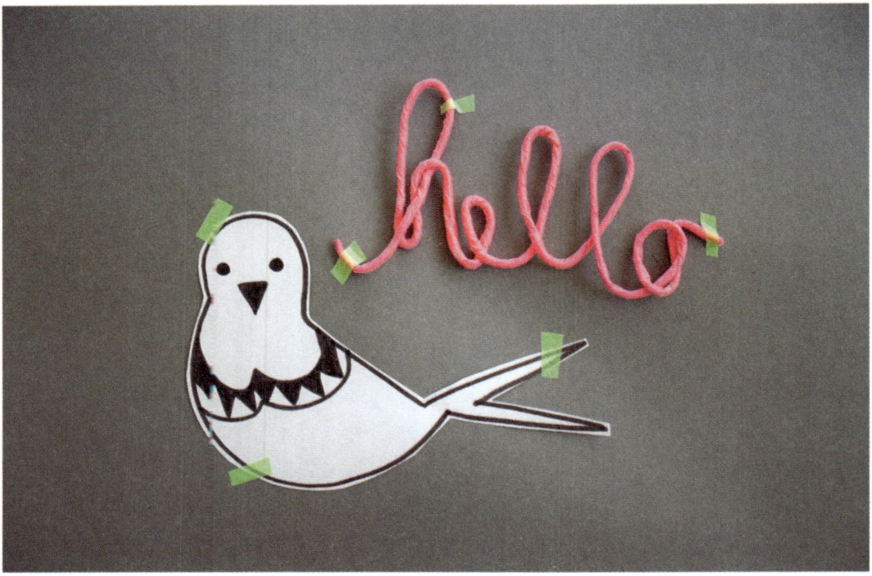

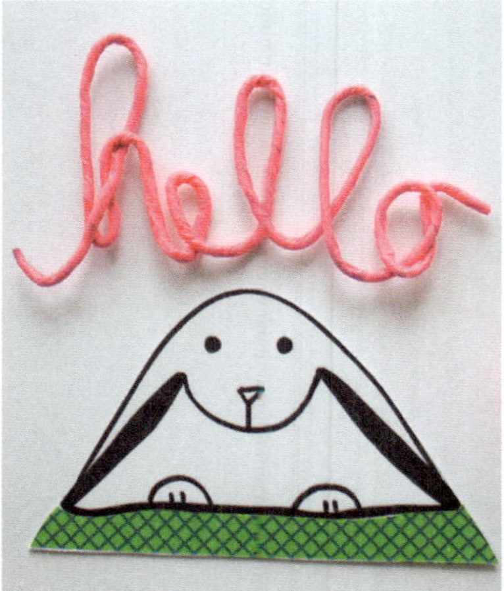

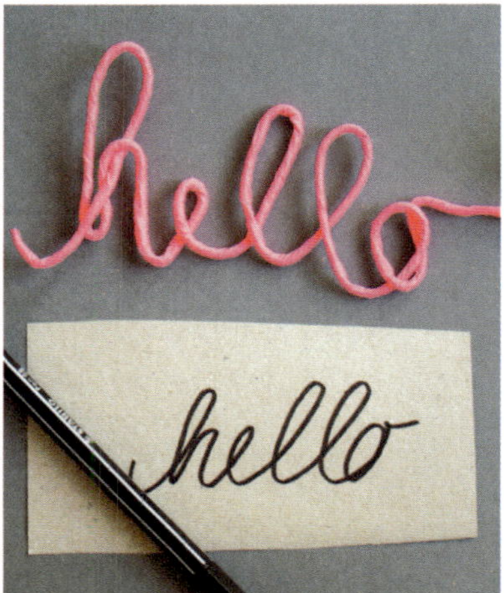

Voll von der Rolle: blühender Fröhlichmacher mit schickem Unterbau. Nicht nur zum Osterbrunch ein Hit!

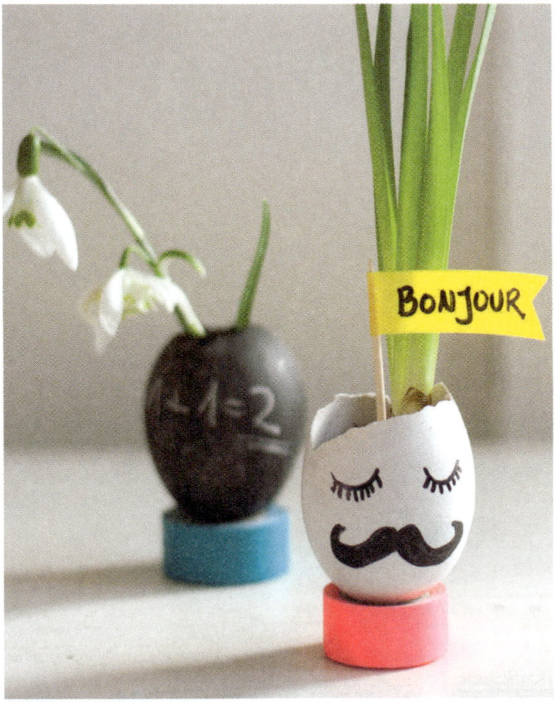

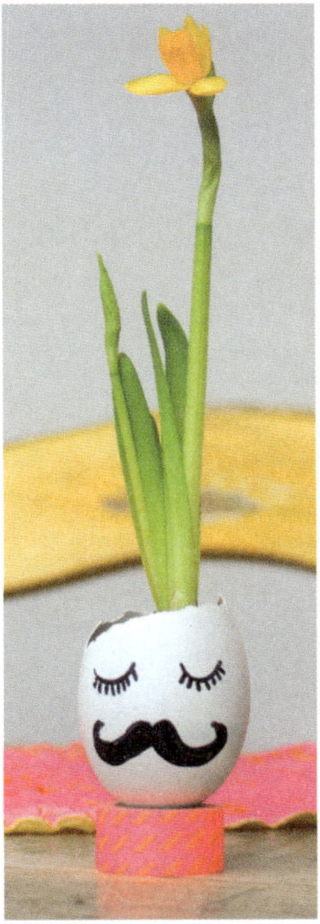

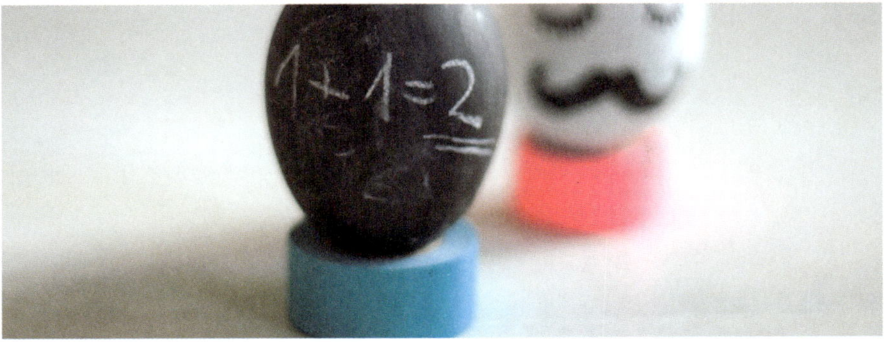

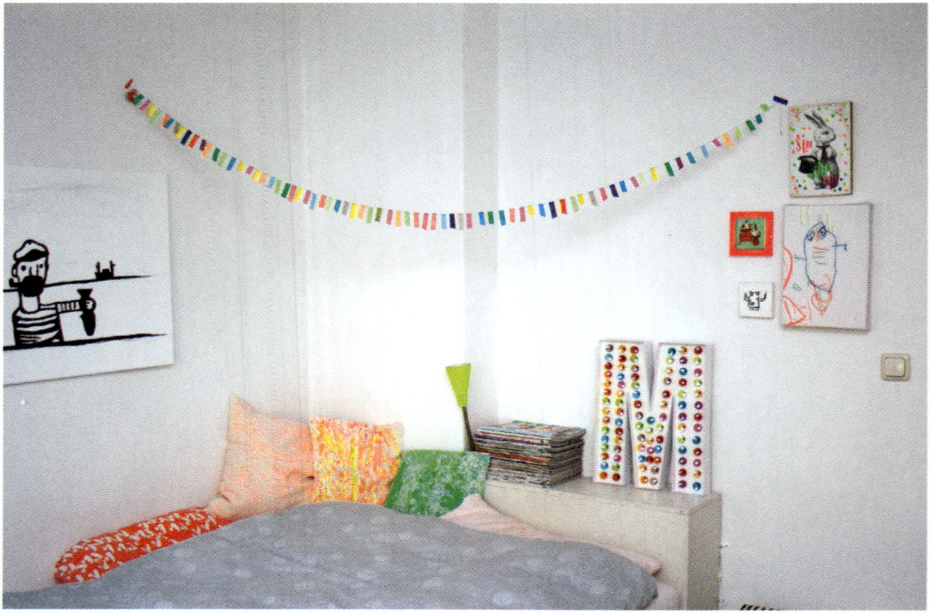

SUPERSIMPEL UND WUNDERSCHÖN!

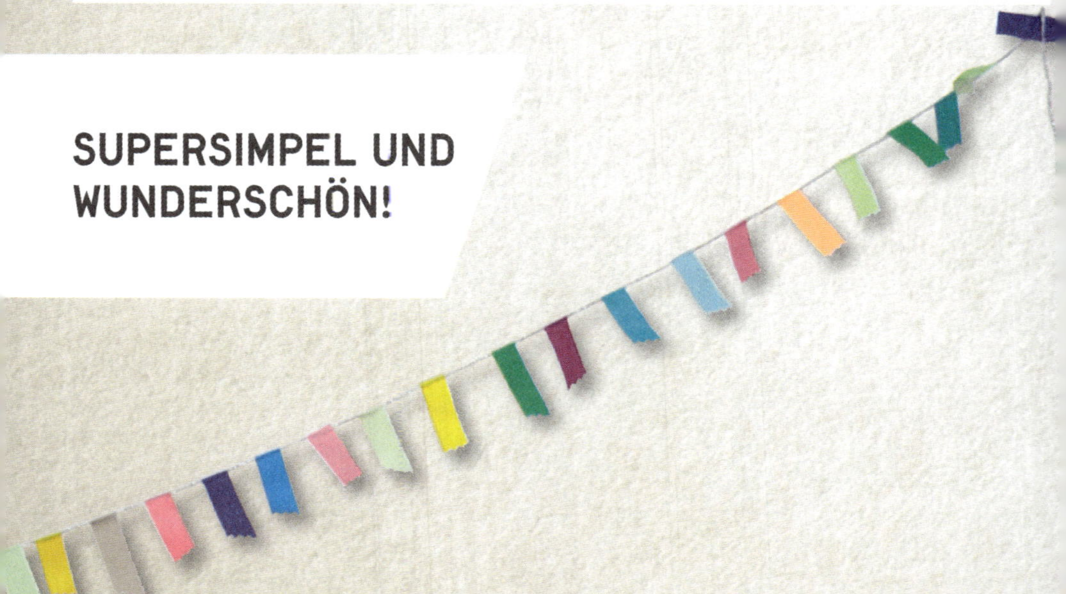

Alles ist erleuchtet –
vom Pappbuchstaben
zur Mini-Lampe

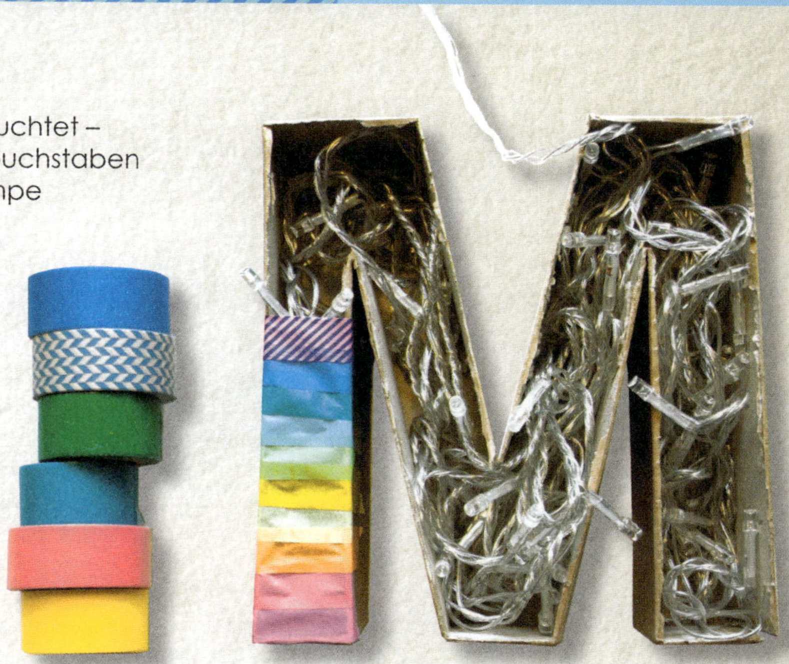

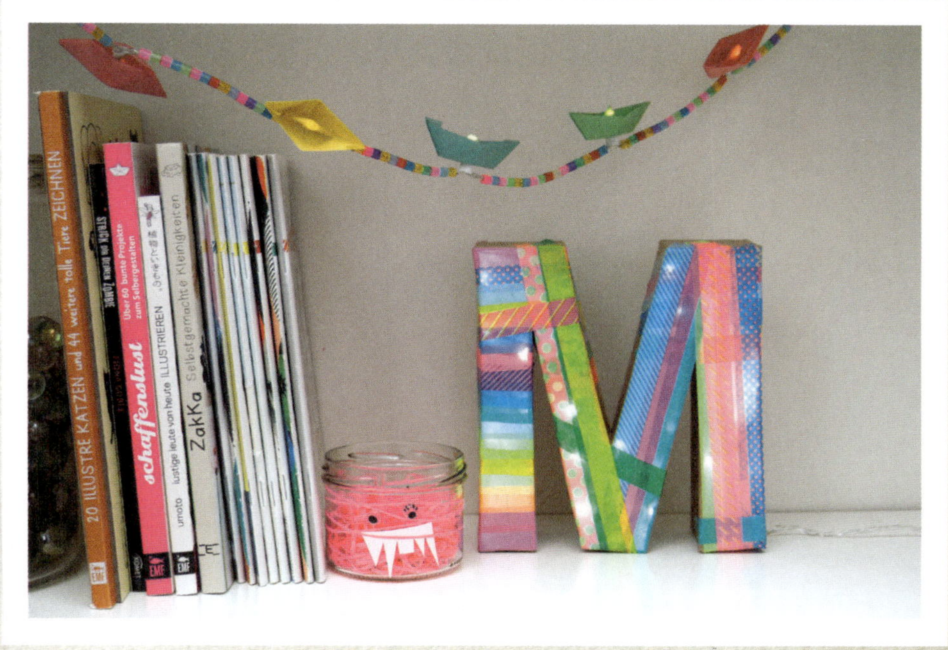

NEUER PEP FÜR LANGWEILIGE MAGNETSTREIFEN!

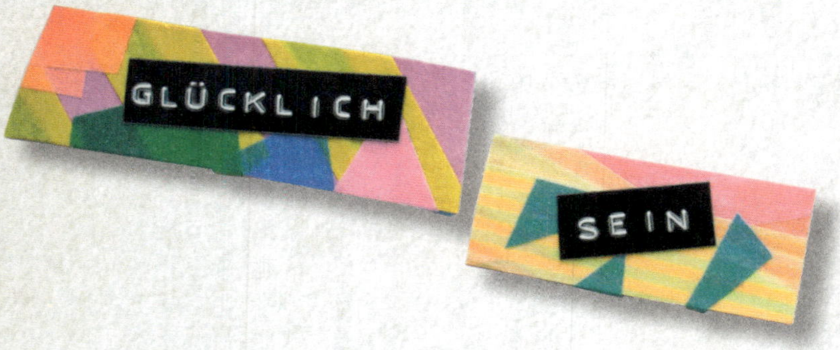

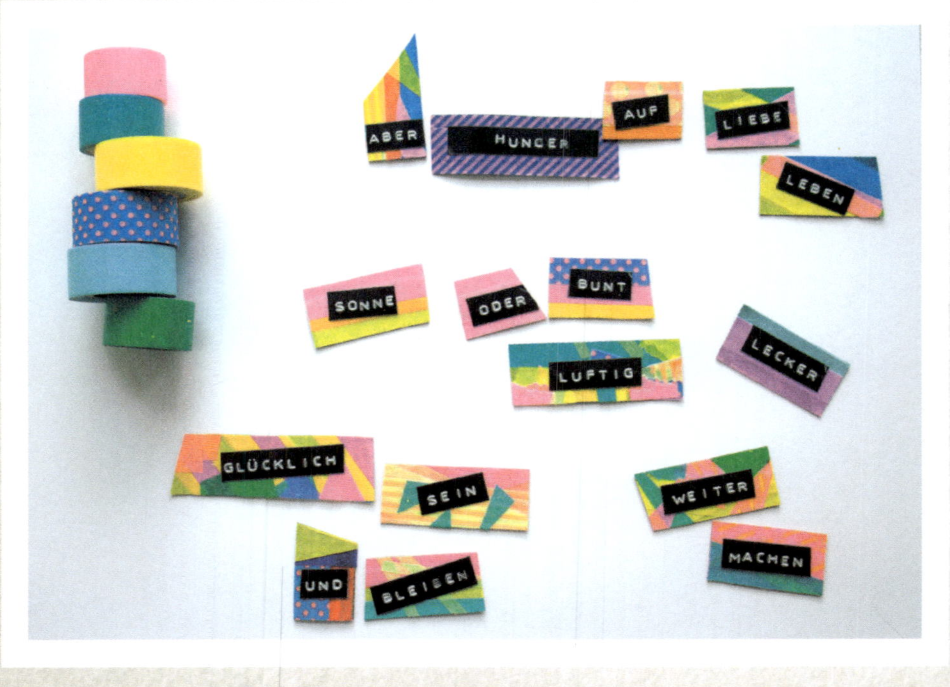

KALTE FÜSSE?
JETZT GIBT'S RINGELSÖCKCHEN
FÜR DIE STÜHLE!

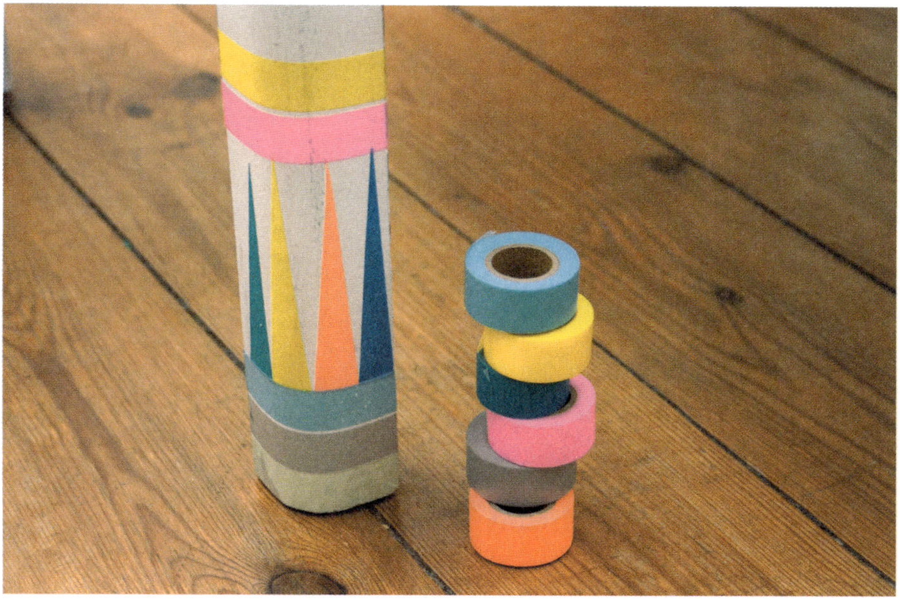

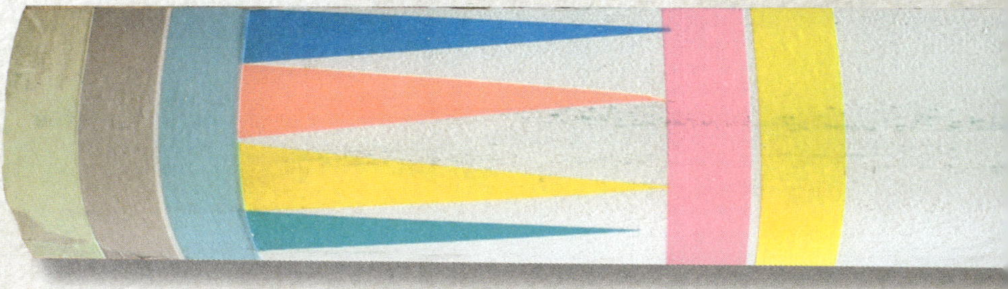

TAFELRAKETE

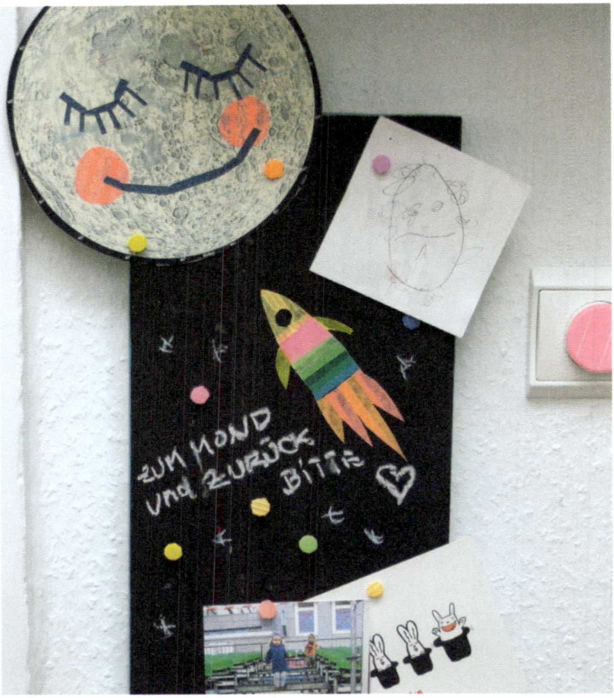

Tafellack und Masking Tape – ein echtes Dreamteam!

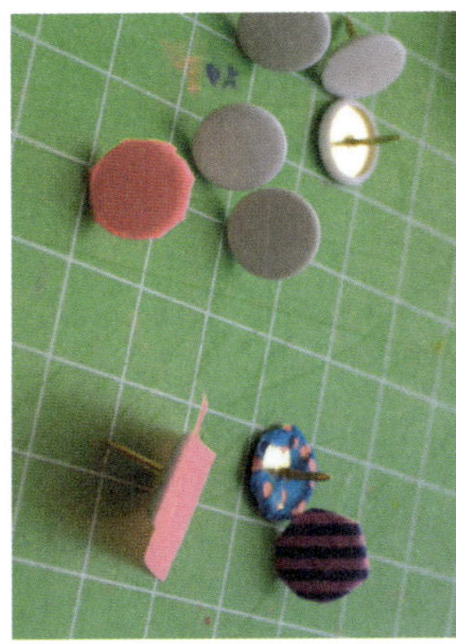

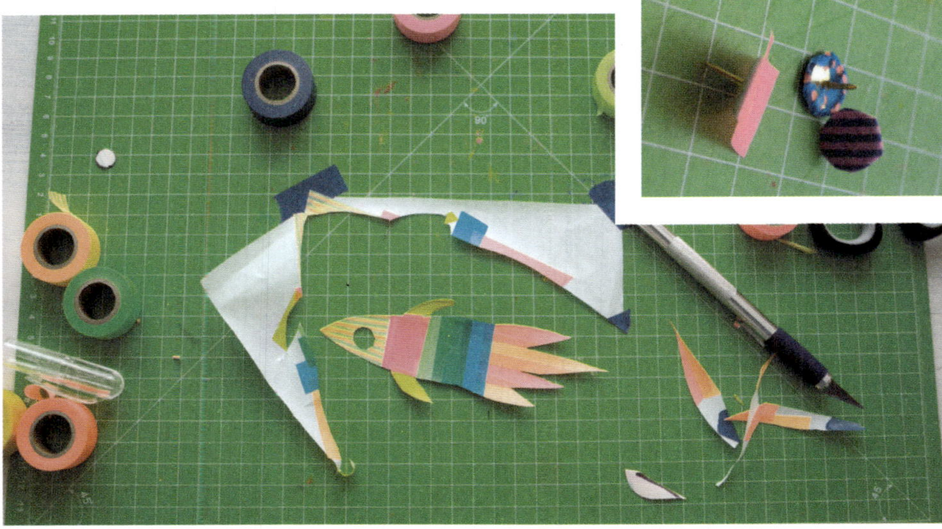

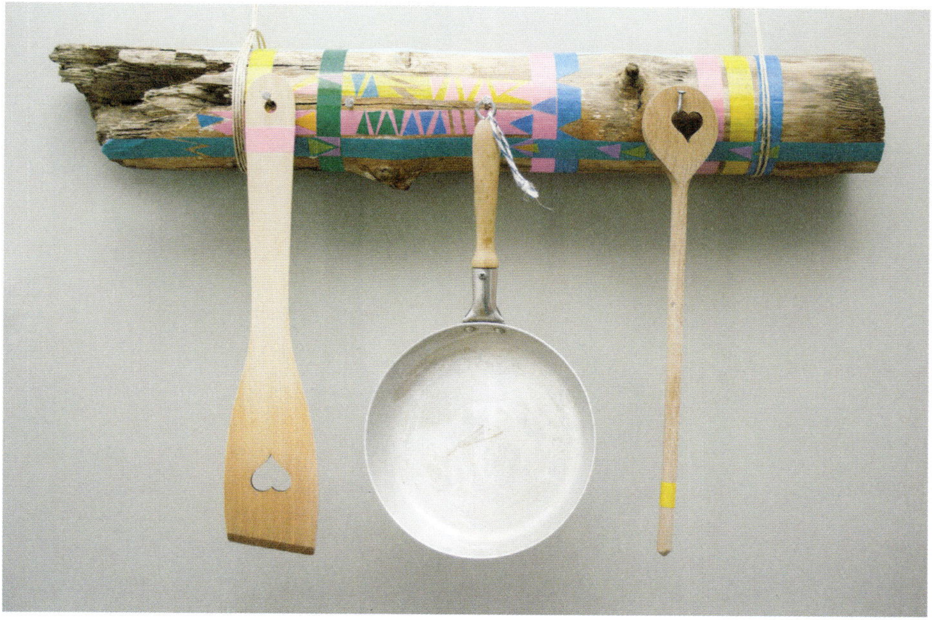

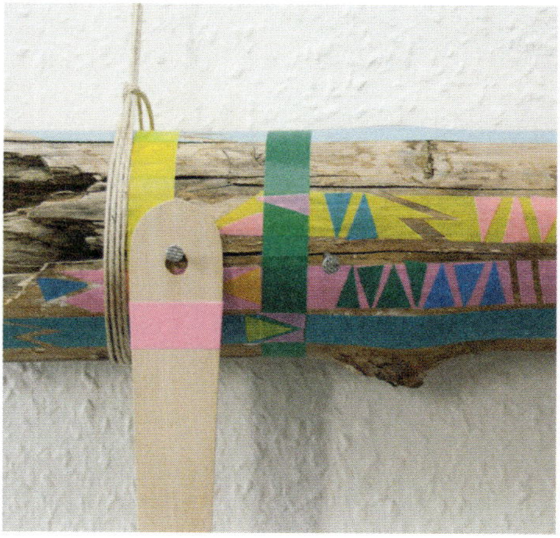

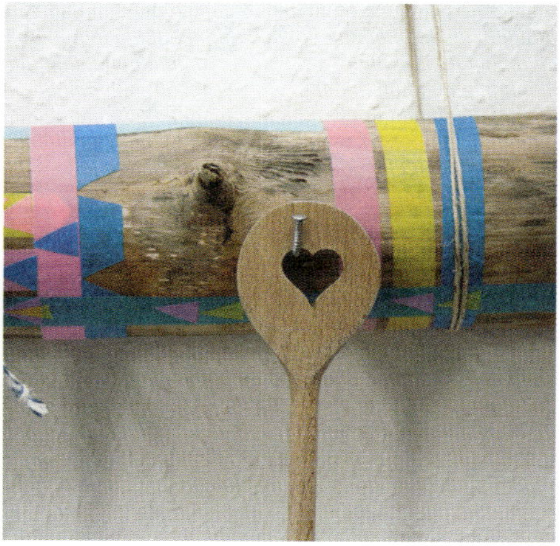

MUSTERGÜLTIGE HAKEN-LEISTE IM FOLKLORE-STIL

Flink ausgeschnitten und aufgeklebt – macht einfach jede weiße Wand zum Statement!

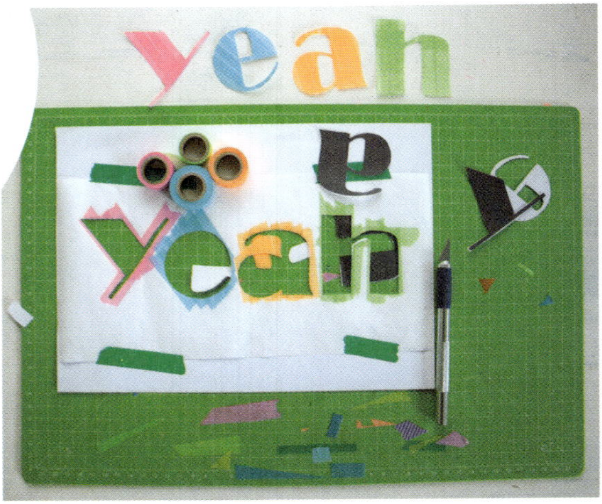

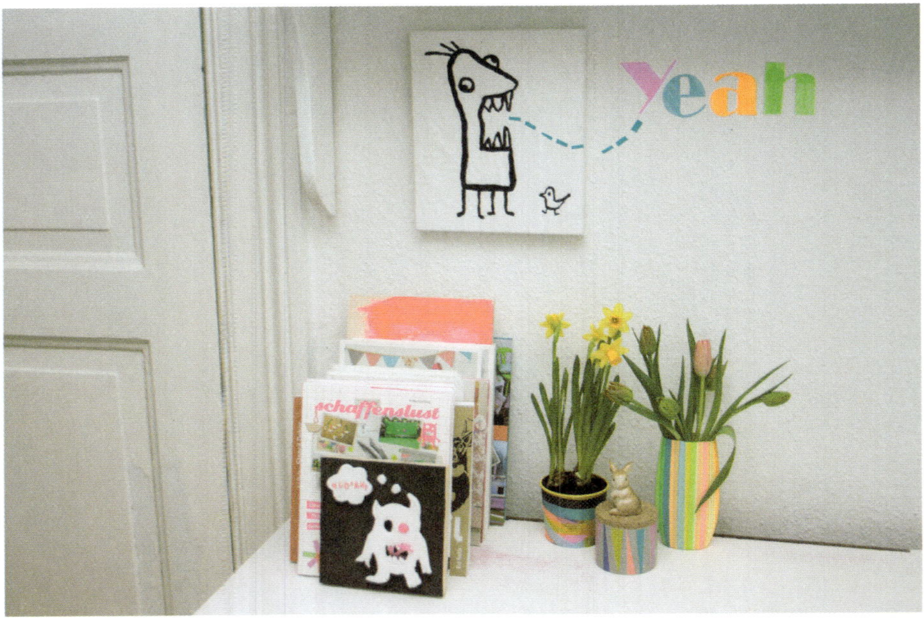

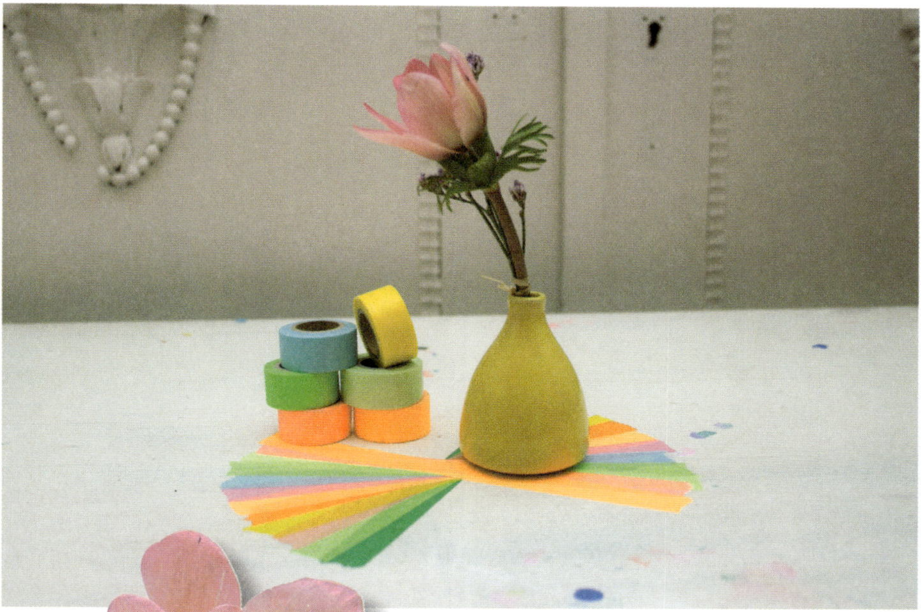

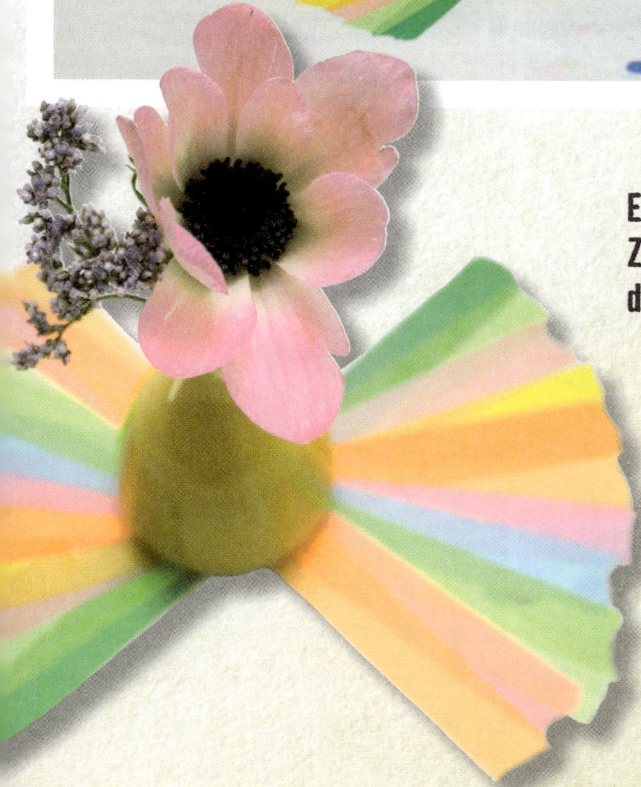

Ein Regenbogen fürs Zuhause! Wer braucht da noch Tischdecken?

UPCYCLING & RECYCLING

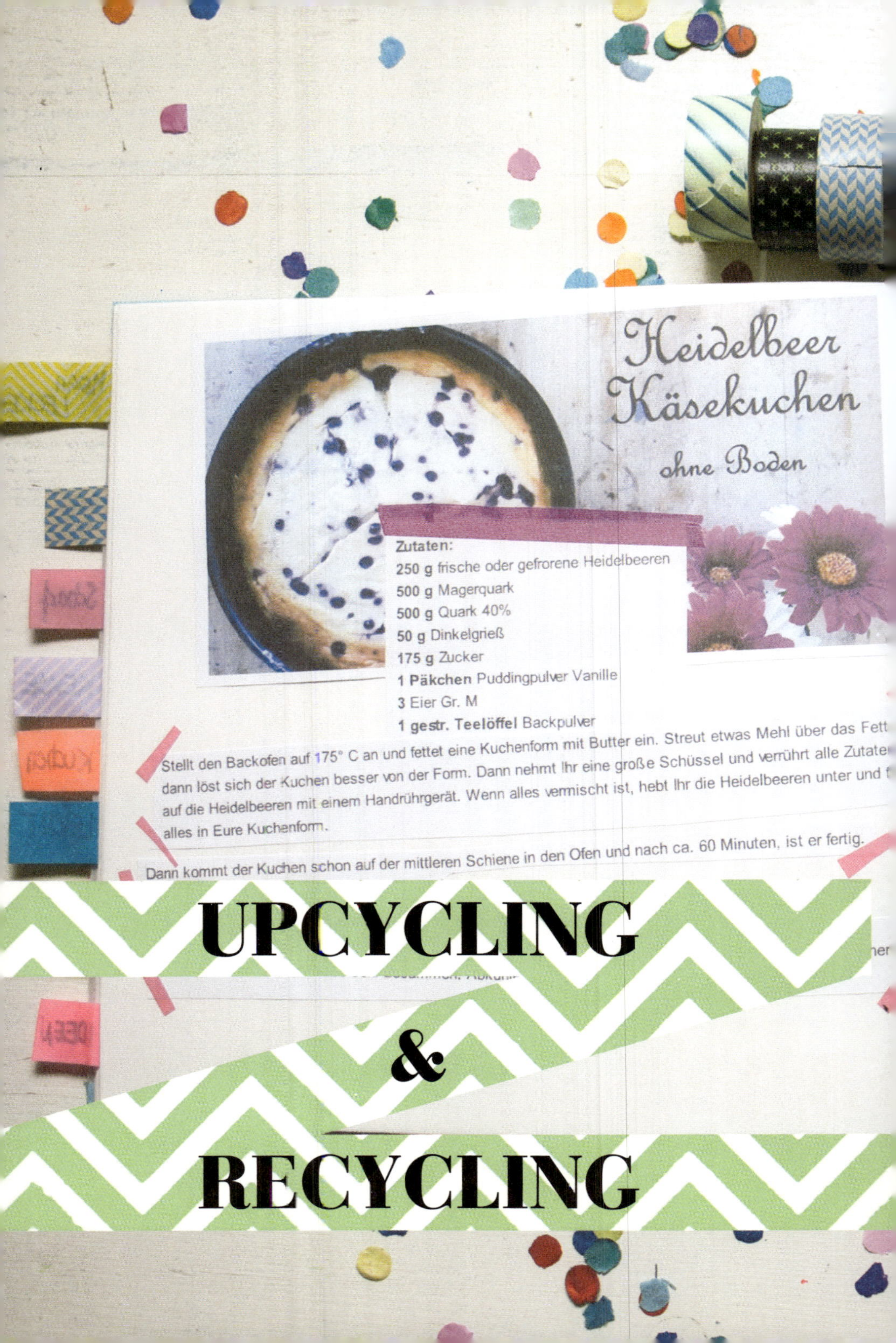

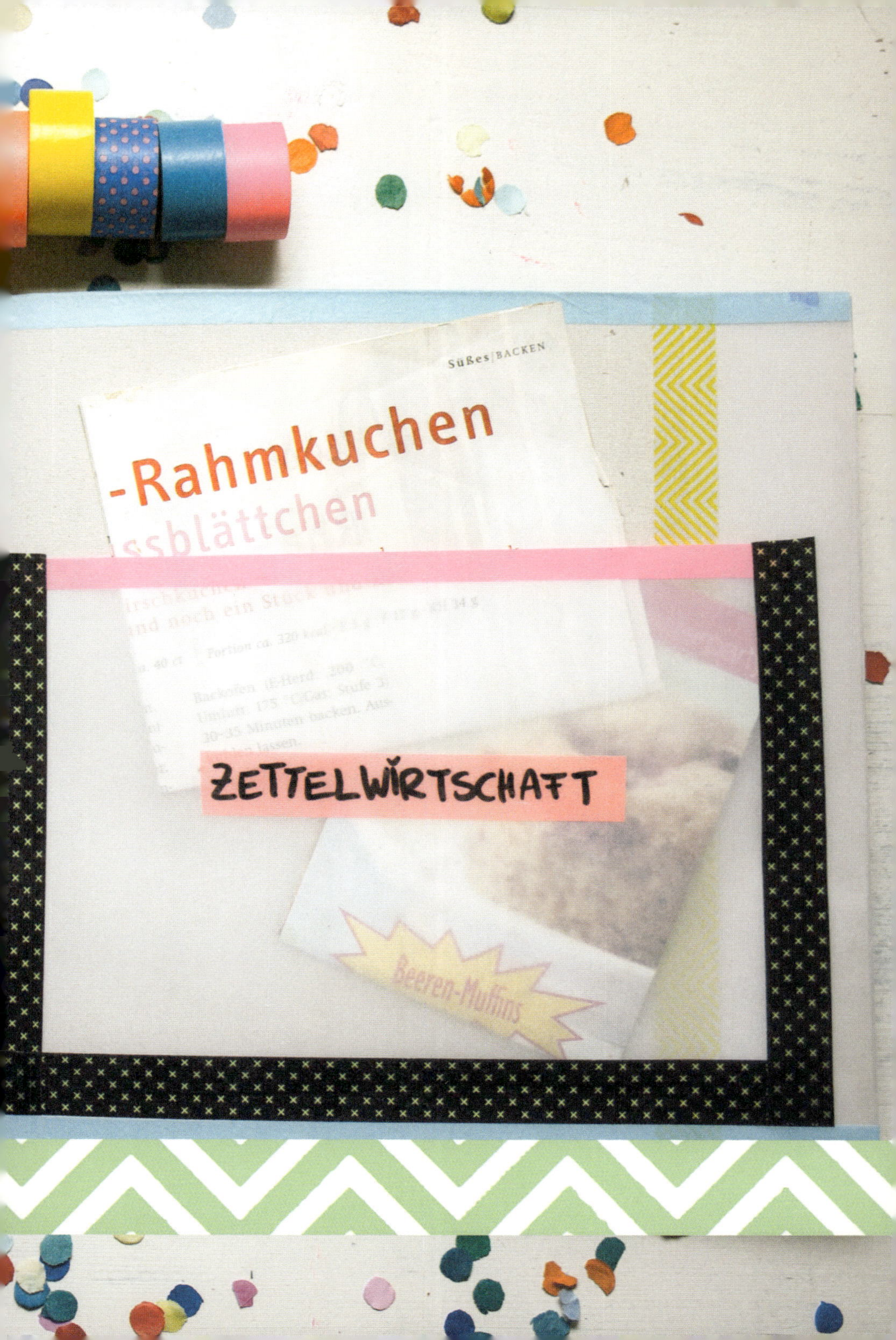
Süßes | BACKEN
-Rahmkuchen
ssblättchen
ZETTELWIRTSCHAFT
Beeren-Muffins

WANDSCHUBLADE

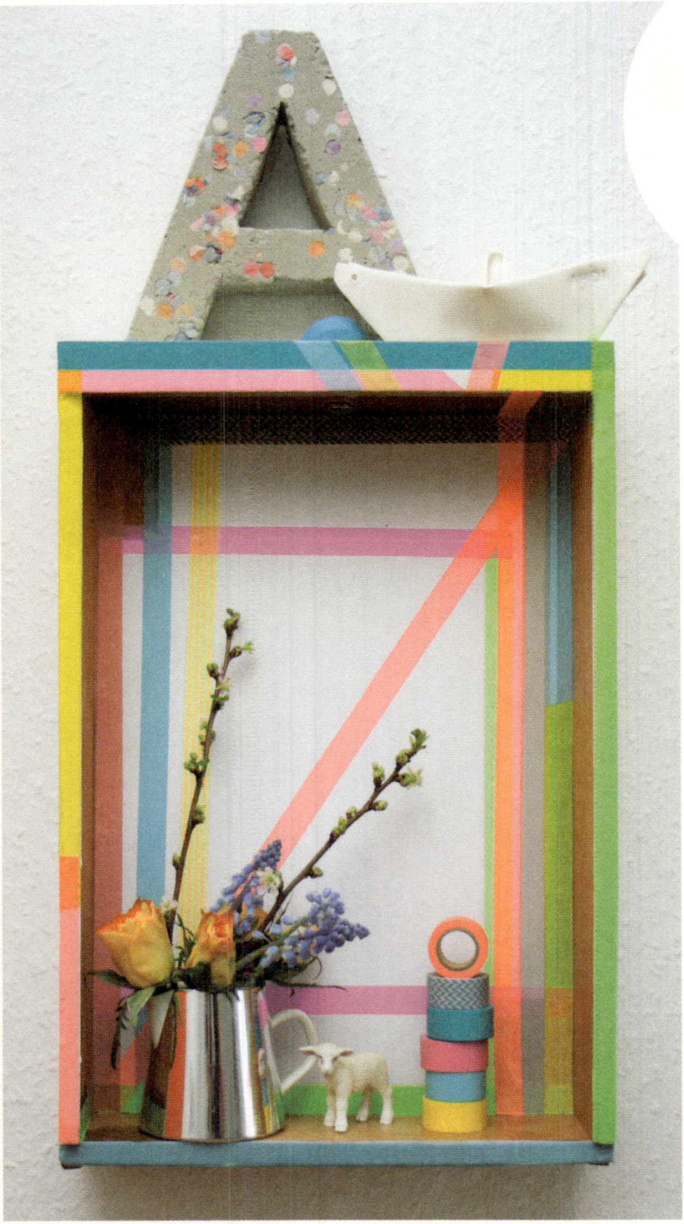

Neues Leben für eine alte Schublade

VERWANDLUNGSKÜNSTLER

Hokuspokus!
Ein neues Gewand für
alte Verpackungen
von Duschgel,
Joghurt und Co.

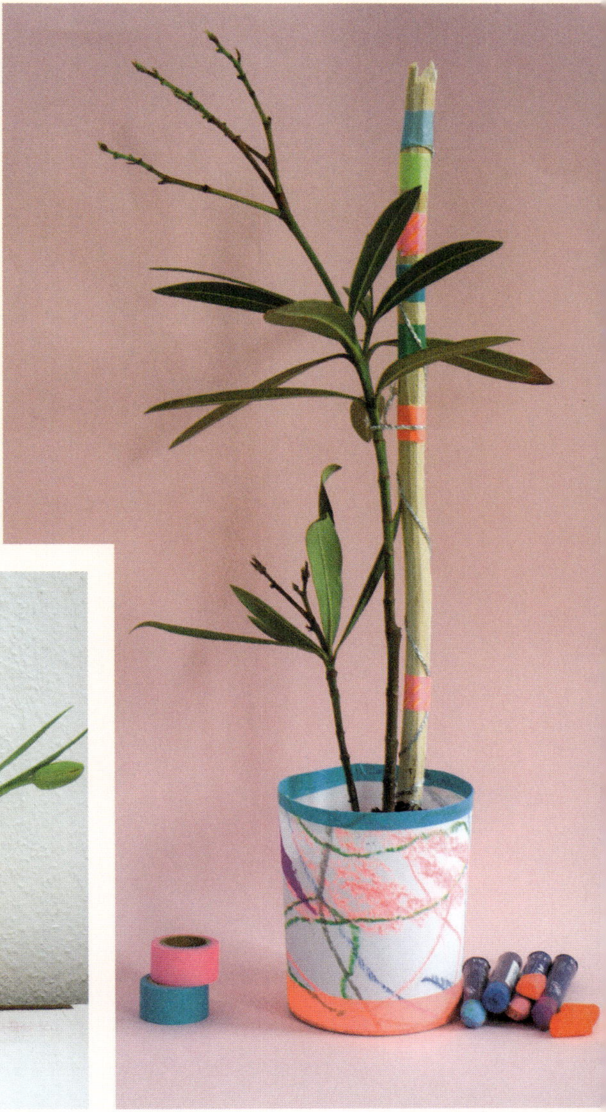

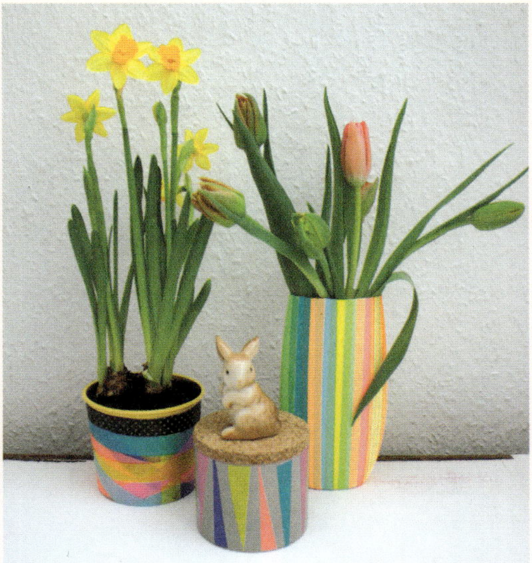

GLASUNTERSETZER

Das perfekte Last-minute-Geschenk: Silberbunte Schönheiten aus Getränkekarton

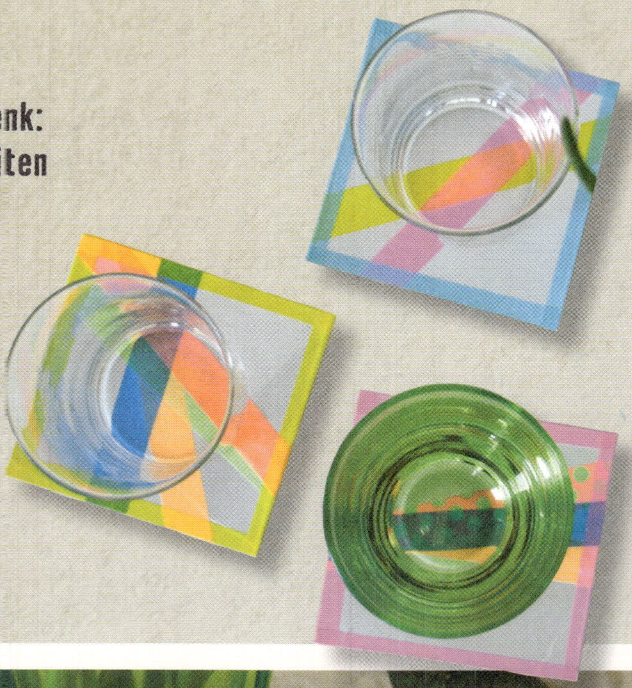

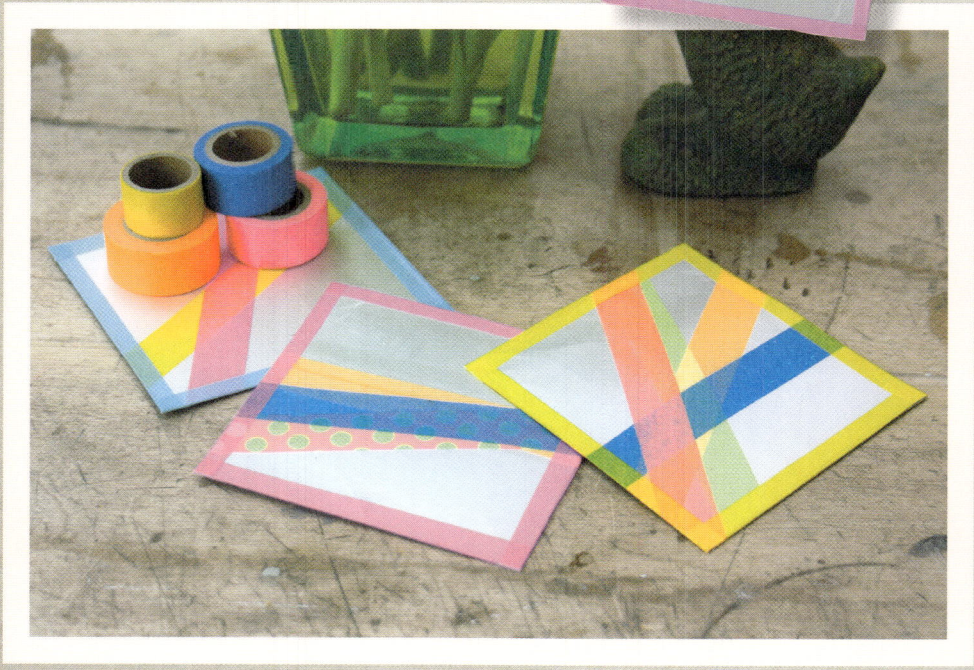

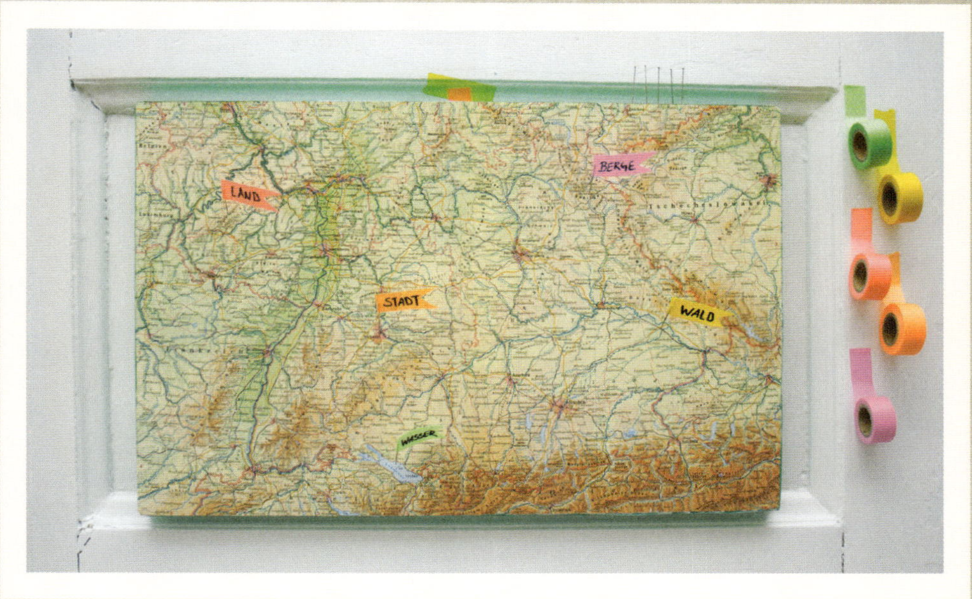

Gute Idee für Weltenbummler:

Mit Stecknadelfähnchen die persönlichen Reiseziele auf einer alten Landkarte markieren. Macht doppelt Reiselust!

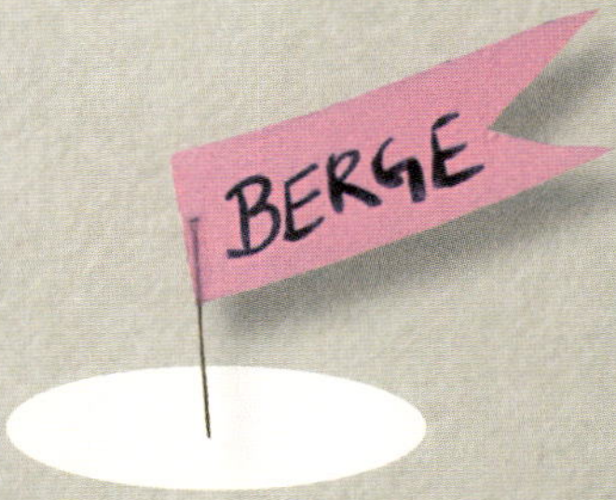

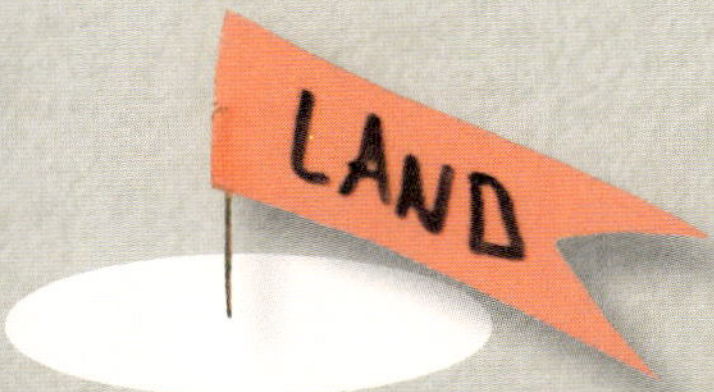

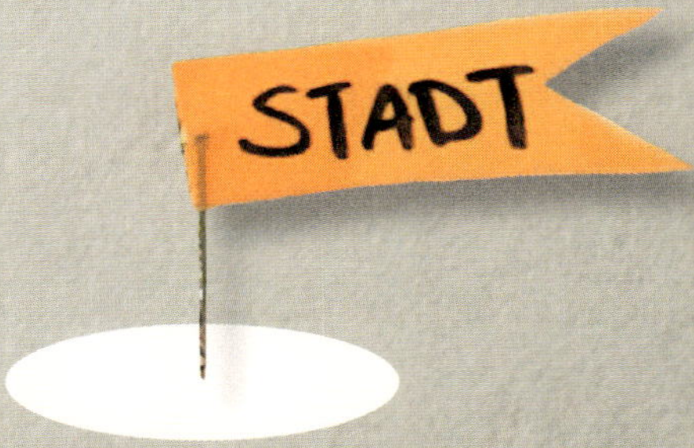

MARACAS-RASSEL

Ü-Ei
+
Eislöffel
+
Perlen
+
Masking Tape

=

Rasselspaß für Groß
und Klein!

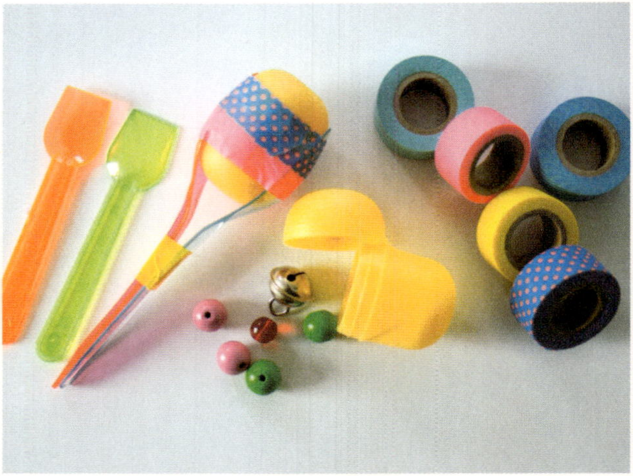

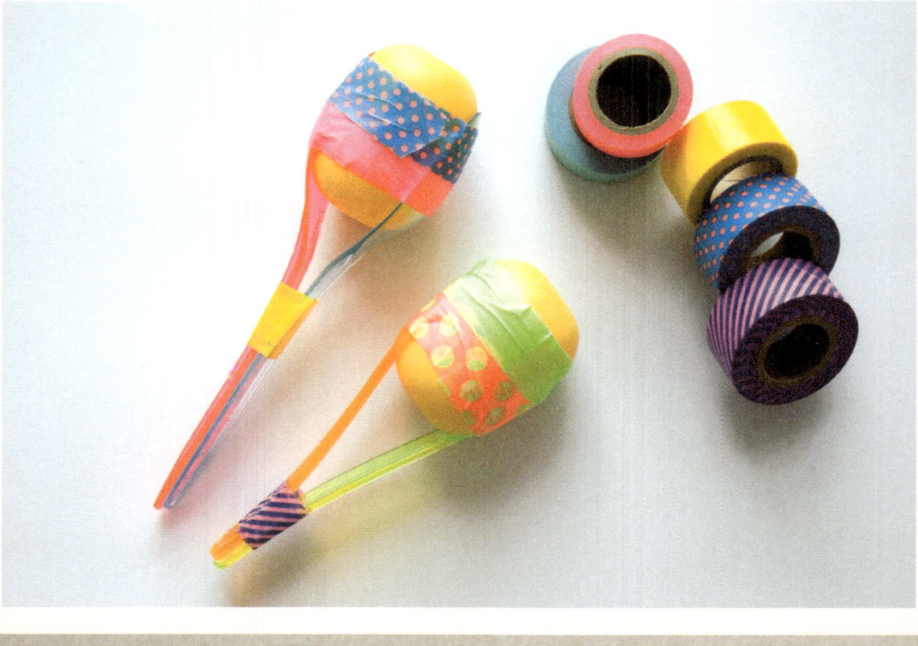

BUNT UND LAUT MACHT EINFACH LAUNE.

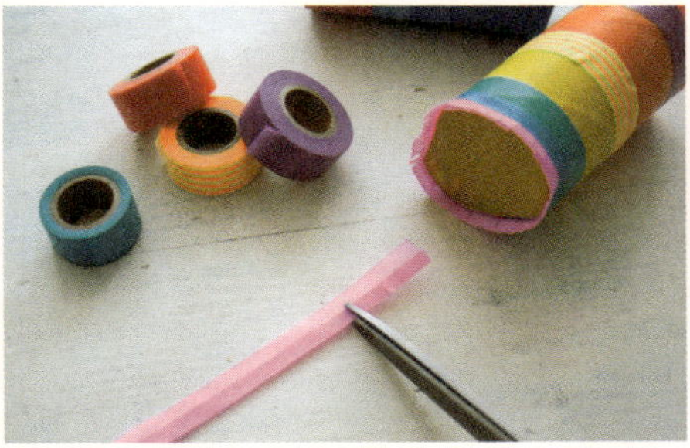

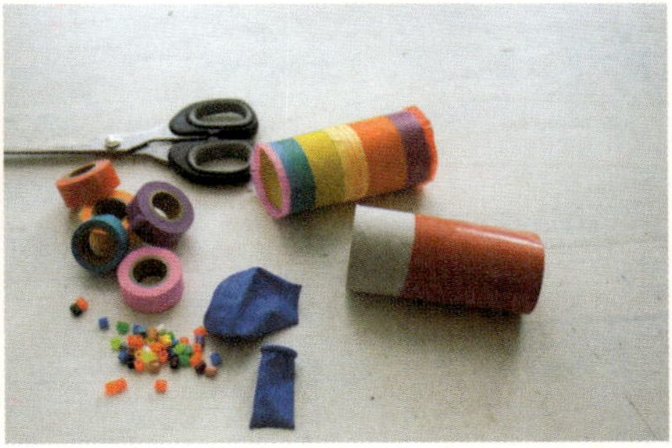

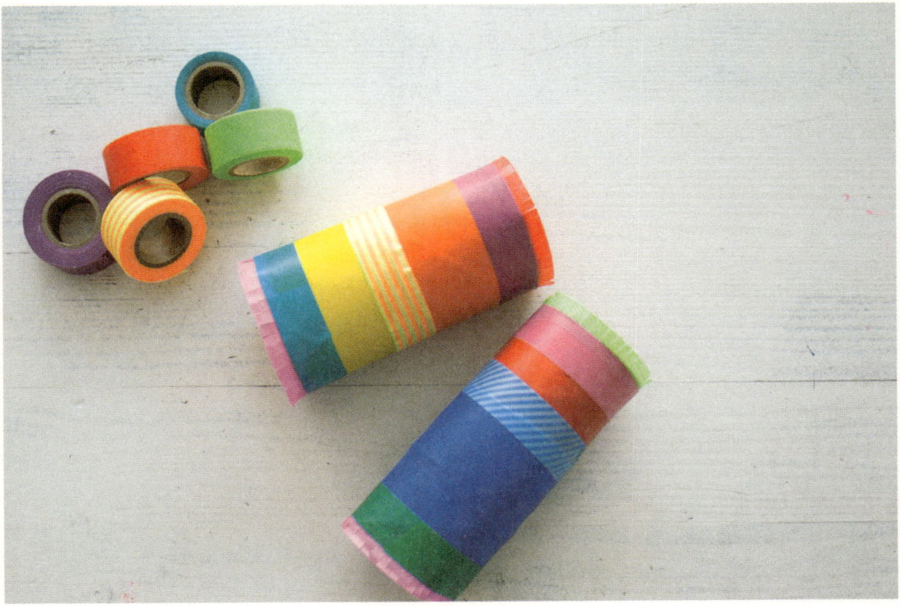

Schmuckes Stück fürs Handgelenk

Den Holzspatel über Nacht in Wasser einweichen, dann zum Reif biegen und so trocknen lassen. Den trockenen Armreif mit Masking Tape bekleben – und sich auf neidische Blicke freuen.

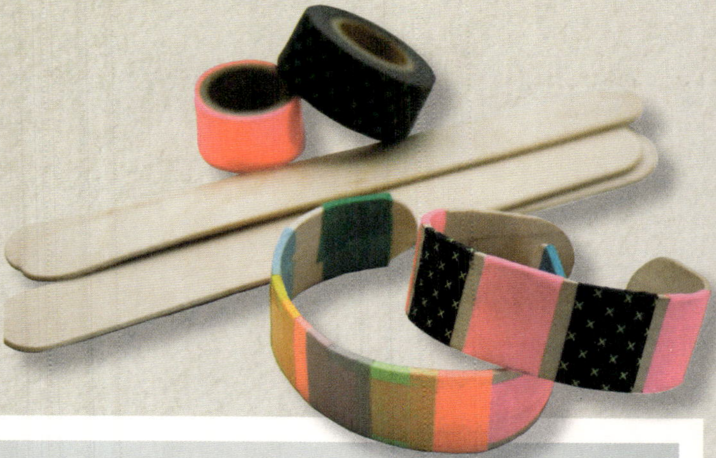

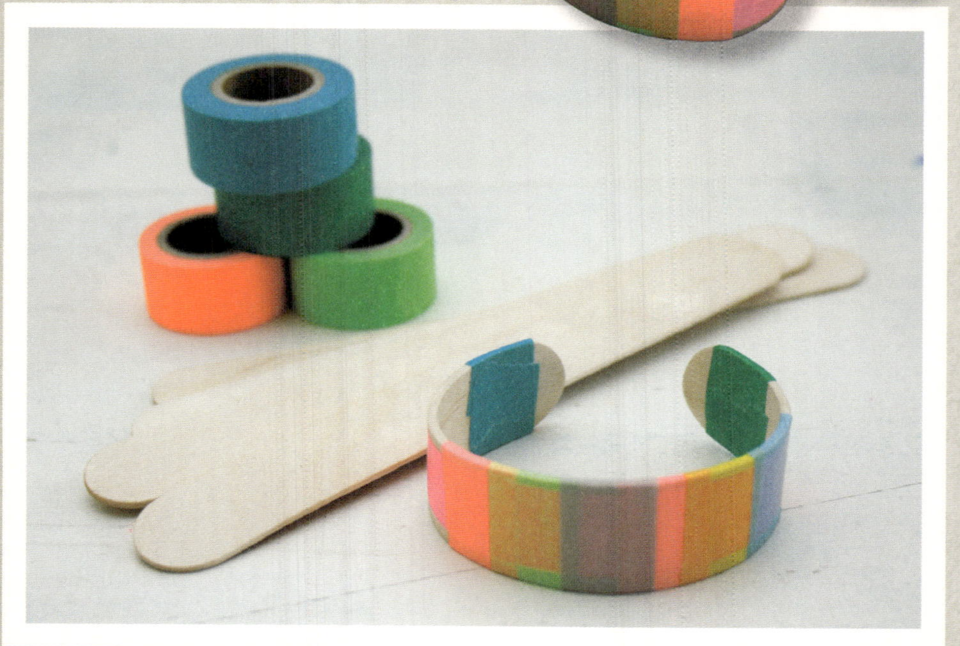

Kreuz und quer beklebt und besprüht, erwacht ein alter Teller zu neuer Schönheit.

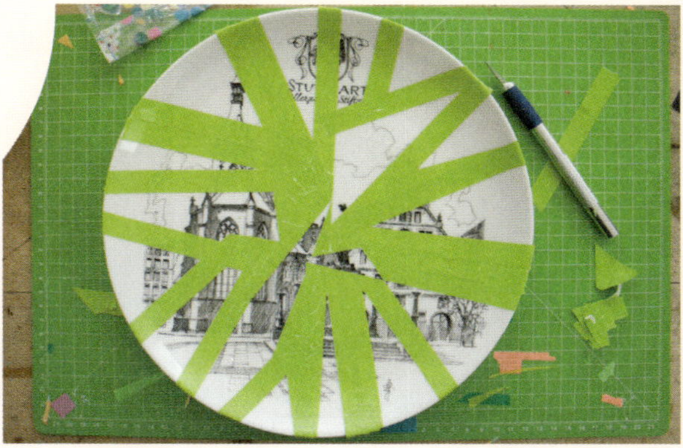

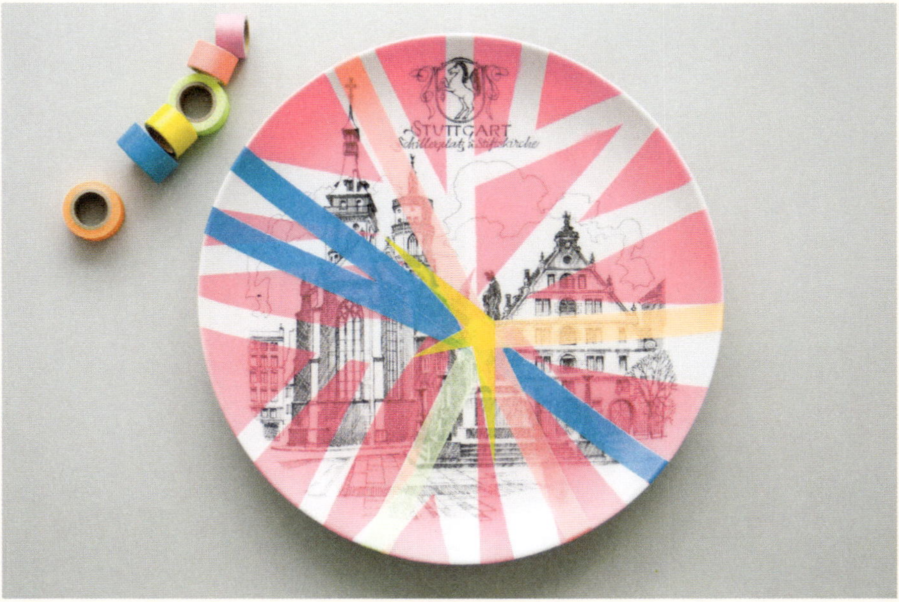

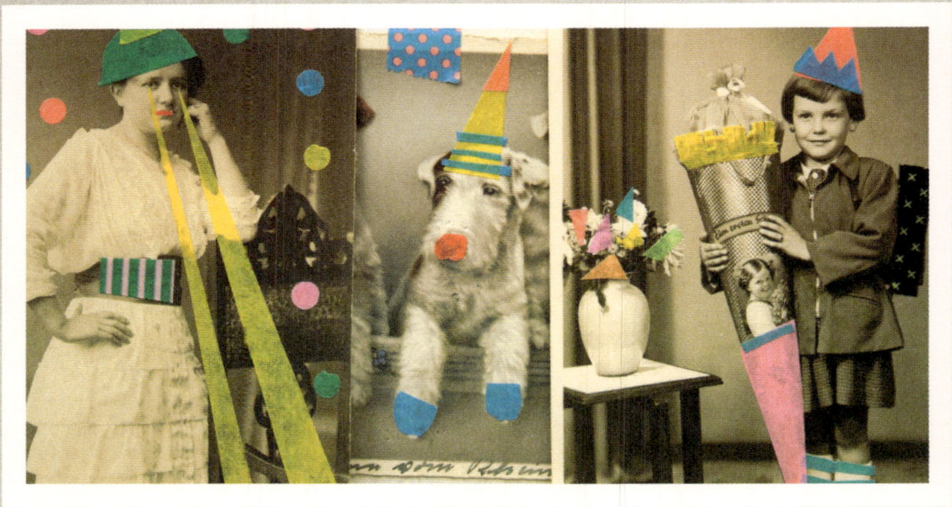

Farbenfrohe Zierde für nostalgische Flohmarktpostkarten

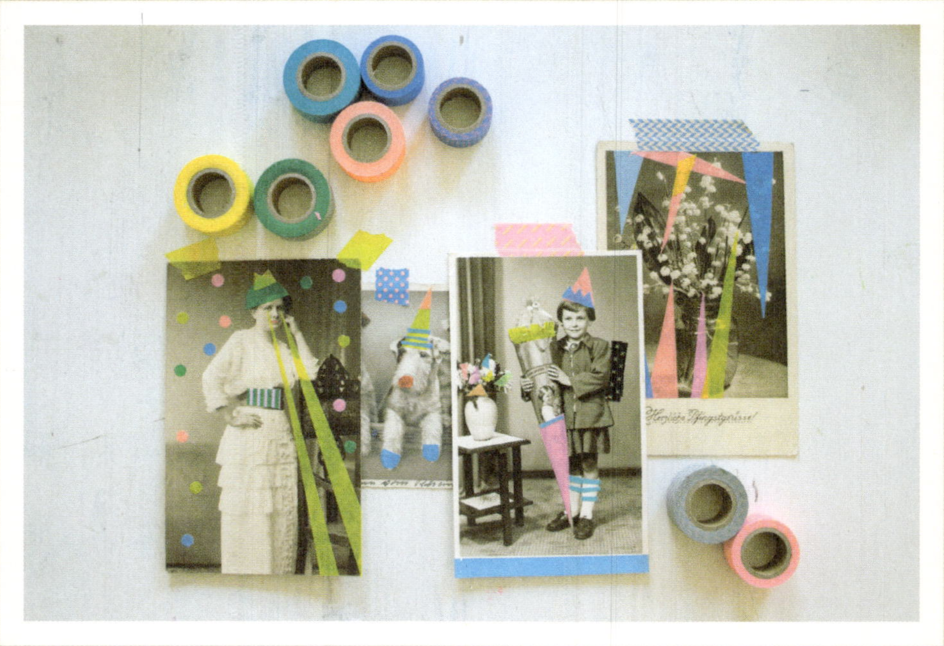

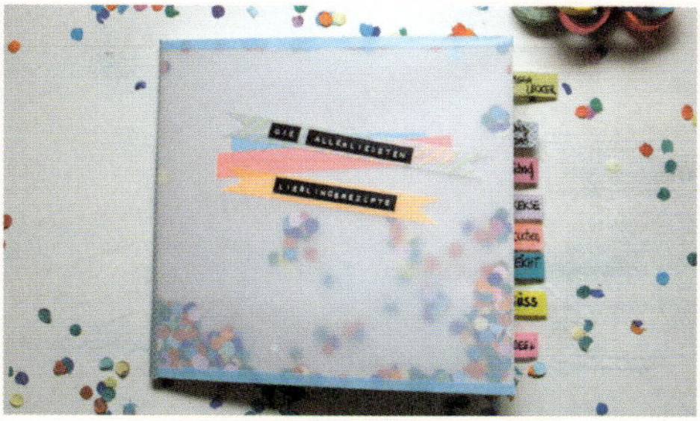

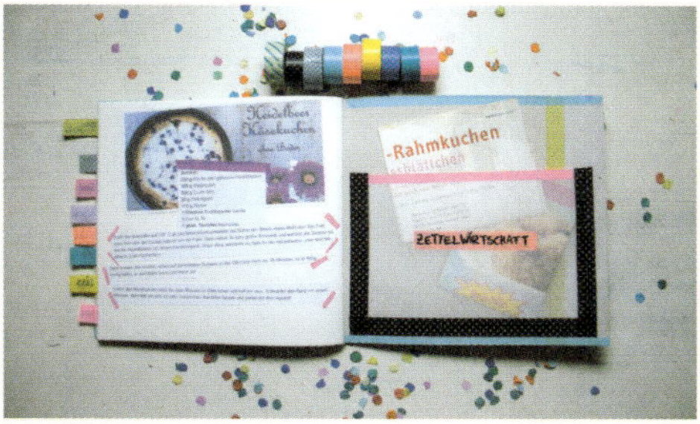

Simsalabim – aus Notizbuch wird Rezeptbuch.

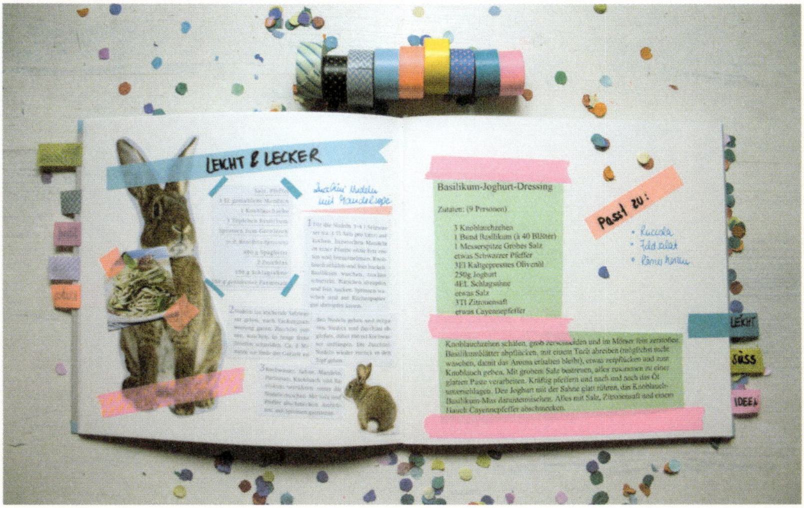

ÜBER DIE AUTORIN

Anika Schilling liebt es, Neues zu schaffen, sei es geklebt, gestempelt, gemalt oder gestickt. Ihre Ideen sind vielseitig und bunt und immer voller „schaffenslust“ – so auch der Titel ihres Blogs und ihres ersten Buchs für die Edition Michael Fischer. Sie möchte anderen die Freude am Selbstgemachten vermitteln, immer nach dem Motto: „Mach es so, wie DU es magst!“

IMPRESSUM

Bibliografische Information der Deutschen Bibliothek.

Die Deutsche Bibliothek verzeichnet diese Publikation in der deutschen Nationalbibliografie.
Detaillierte bibliografische Daten sind im Internet über http://www.d-nb.de/ abrufbar.

Ein Buch der Edition Michael Fischer in Kooperation mit MARK'S Inc./masté
www.maste-marks.jp/en/

1. Auflage 2014

Covergestaltung: Tim Anadere
Lektorat: Marie-Helene Steghöfer
Layout: Ilona Molnár, Tim Anadere
Fotos: Anika Schilling

ISBN 978-3-86355-236-7

Printed in China

www.emf-verlag.de